바른풀이

老子道德經

노자도덕경

남충희

1958년생. 인천 제물포고를 거쳐 서울대 철학과를 중퇴하였다. 1993년 천주교에 입교하여 구도에 나섰으며 2006년 도덕경에서 도의 실마리를 발견하였다.

바른풀이

老子道德經

노자도덕경

남충희 해설

렛츠
BOOK

머리말

노자의 도는 無이다. 무를 有와 관련하여 시공간의 차원에서 정의하는 것은 불가능하다. 무는 오직 반성하는 의식意識의 내면으로부터 자신을 드러내며, 이를 통하여 신적神的 자아인 효을 낳고 기르고 완성한다. 이에 노자는 무를 사람이 마땅히 따라가야 할 길로 제시하면서 그것에 道라는 이름을 붙인 것이다.

도덕경은 노자가 목격한 무의 사건을 보도하는 증언證言 witness이다. 그런데 무의 사건을 논리적인 언어로 기술할 수는 없다. 무는 경험적 대상이 아니므로 개념을 생산할 수 없으며, 개념이 없이는 논리도 있을 수 없다. 그러므로 노자는 단지 비유比喩 parable를 사용하여 자신이 목격한 '그 사건'을 지시할 뿐이다. 도덕경의 독자는 도를 실천하여 스스로 '그 사건'을 목격함으로써 신적인 자아의 깨달음을 얻으며, 그때야 비로소 무가 어떤 존재인지를 알고 비유의 의미도 알게 된다. 사람은 무를 직접 알 수 없지만 무로부터 오는 자아의 깨달음을 통하여 무를 안다.

도덕경은 비유의 책이다. 그런데 도를 실천하지 않는다면 비유 자체를 아무리 분석하고 연구해도 그것을 이해할 수 없다. 수많은 비유들을 풀어내지 않으면 도덕경은 별 의미 없는 엉성한 문장들을 묶어놓은 것에 지나지 않는다. 노자의 비유는 도에 대한 이론적 접근을 차단하는 동시에 도의 실천을 다그친다. 여기에서 말하는 비유는 직유直喻 simile, 은유譬喻 metaphor, 상징象徵 symbolism, 유추類推 analogy, 우화寓話 allegory 등의 우회적 표현 기법을 모두 포함한다.

　노자가 채용하는 비유의 소재는 실로 다양하다. 자연물, 인공물, 동식물, 서민의 일상생활, 장인匠人의 솜씨, 관습, 제도 등을 활용하기도 하고 유가, 법가, 병가, 명가, 음양가 등 제자백가의 주장이나 어휘를 인용하기도 한다. 후대 사람들은 노자의 비유를 이해하지 못하고 엉뚱하게도 도를 처세술이나 장생불사의 비술 또는 유가, 법가, 병가 등과 유사한 사상이라고 주장하기 일쑤이다. 이런 무모함은 현대에 이르기까지 지속되고 있다. 시중의 서점, 도서관 또는 개인의 서가 등에는 나름의 관점에서 도덕경을 해석한 책들이 허다하게 깔려 있어서 대부분의 독자들은 도덕경에 대한 이러저러한 편견에서 자유롭지 못할 것이다.

　무의 사건에 관한 비유를 유의 관점에서 해석하려는 시도는 혼란을 일으킬 뿐이다. 처음부터 불가능한 일을 억지로 밀고 나간다면 갈수록 더 엉터리의 결과가 나올 것이 뻔하다. 필자가 검토한 해설서 모두, 단 하나도 예외가 없이, 바로 이런 우를 범하고 있다. 그러므로 필자는 노자의 뜻을 이어받아 독자에게 도를 실천하기를 강력히 촉구한다. 만일 독자에게 도에 관한 어떤 종류의 지식이 있다면 지금 즉시 그것을 버려야만 한다.

　사람의 지혜로는 진리를 알 수 없다. 그러므로 내가 모르는 것은 아무것도 아니라는 판단은 성급하다. 오히려 내가 아는 것은 아무것도 아니라는 사실을 깨달아야 한다. 참으로 지혜로운 사람은 이 단순하고 분명한 사실을 재빨리 인정하고 진리를 얻기 위하여 도를 실천한다. 도의 힘으로 신의 품격을 회복한 사람은 진리를 알고 인생의 진정한 아름다움을 맛본다. 도를 모르는 인생은 아무 의미도 결과도 없는 고통의 바다일 뿐이다.

　인생은 도전이다. 모든 생명체는 죽기를 싫어하고 살기를 도모하지 않나? 독자들이 도를 실천함으로써 생명의 진리에 맛들이시기를 바라마지 않는다.

2018년 4월
춘천에서 필자

일러두기

1. 도덕경은 1장에서 81장까지 점차적으로 도가 심화되어 가
   는 과정을 보여준다. 독자의 이해를 돕기 위하여 해설을 진
   행하는 중간중간에 선행하는 장(章)들의 관련 문구를 쪽의
   좌우 여백에 명기하였다.

2. 책 말미의 '찾아보기'를 통하여 주요 어휘들이 사용된 맥락
   을 더듬어볼 수 있다.

1장

道可道非常道 名可名非常名

無名天地之始 有名萬物之母

故常無欲以觀其妙 常有欲以觀其徼

此兩者同出而異名 同謂之玄

玄之又玄 衆妙之門

> (누구든지 도를) 실천하려면 실천할 수 있는데 통상의 방법으로 실천하지는 않는다. (누구든지 도에) 이름을 지으려면 지을 수 있는데 통상의 방법으로 이름을 짓지는 않는다. (도는) 이름이 없으면 천지의 처음이고, 이름이 있으면 만물의 어머니이다. 그러므로 (성인은) 늘 무욕으로 그 묘를 보고, 늘 유욕으로 그 요를 본다. 이 둘은 같은 것이 나와서 다르게 드러나는 것인데, (그) 같은 것을 일컬어 현이라고 한다. 현은 갈수록 어두워지니, 수많은 묘가 (나오는) 문이다.

妙(묘) 아득하다   徼(요) 가장자리

道는 명사로서는 '길'이고 동사로서는 '(길을) 가다'이다. 道(道)를 직역하면 '(도를) 따라가다'라고 해야 하겠지만 우리말의 자연스러운 어법에 맞추어 '(도를) 실천하다'로 번역하였다.

名은 '夕+口'로 이루어진 글자이다. 저녁夕이 되면 어두워서 서로 상대방을 볼 수 없으므로 입口으로 자기가 누구인가를 밝혀야 한다. 누군가를 밝히는 데는 이름을 대는 것이 상책이므로 '이름'이라는 뜻이라고 한다. 名은 명사로서는 '이름'이고 타동사로서는 '이름을 짓다', 자동사로서는 '드러나다'이다. 이름이란 어떤 대상이 미지의 어둠으로부터 드러난 것이다. 名(道)를 직역하면 '(도에) 이름을 짓다'인데, 세상 사람들에게 도를 제시한다는 정도의 뜻이다. 지도에 새로 개척한 길을 그려 넣는 것에 비유할 수 있겠다.

道可道非常道 名可名非常名에서 道와 名은 모두 동사이고 목적어 道가 생략되었다. 노자는 생략법ellipsis을 자주 사용한다. 문장의 필수 요소를 생략함으로써 그 생략된 요소가 가리키는 대상에 관심을 집중시키는 수법이다. 반드시 있어야 하는 것이 없으면 촉각을 곤두세워서 그것을 찾아보기 마련이다.

춘추전국시대에는 노자 이외에도 많은 학자들이 나름대로의 도를 주장하였다. 諸子百家니 百家爭鳴이니 하는 말은 바로 이런 상황을 반영한다. 일반적으로 학설, 법, 윤리, 계율 등의 규범規範 norms을 따르는 것을 가리켜서 도를 실천한다고 말한다. 그런데 노자의 도는 무이다. 성인은 무로 투신投身함으로써 거듭 새로운 자아로 쇄신되며, 이와 동시에 모든 종류의 규범으로부터 자유로워진다. (성인은 '도를 실천하는 사람'이다. 이 용어는 2장에 등장하지만 설명의 편의상 미리 채용하였다.) 일반적인 도는 규범을 따르는 길이요 노자의 도는 규범에서 해방되는 길이다.

일반적인 도는 이론적인 체계를 갖춘 학문의 형태로 제시된다. 그런데 노자의 도는 무의 사건이므로 학문으로 성립할 수 없고, 굳이 도를 언어로 표현하자면 오직 비유를 사용해야만 한다. 노자의 비유를 완전하게 이해하려면 반드시 도를 실천하여 그로부터 일어나는 무의 사건을 직접 목격해야만 한다. 도를 실천하지 않는다면 비유 자체를 아무리 분석하고 연구하더라도 의미 있는 결과를 얻을 수 없다.

처음에 무는 낯설고 두려운 존재로 다가온다. 무는 죽음을 연상시킨다. 실제로 무에 투신하는 일은 죽음에 버금가는 자기부정自己否定을 수반한다. 無名은 바로 전면적인 자기부정이 일어나고 있는 상황이다. 성인은 무의 어둠 안에 푹 잠겨 있어서 아무것도 따로 구별할 수 없다. 도와 성인 또한 서로 구별할 수 없이 일치되어 있어서, 이를테면, 성인이 어둠을 향해 도를 불러도 아무 대답을 들을 수 없다. 그러므로 도의 이름도 성인의 이름도 없다. 이때 성인은 天地로 변화한다. 천지는 성인의 별칭이다. 天은 도와 뜻이 통하는 사건, 地는 세상을 다스리는 사건을 지시한다. 앞으로 천지의 구체적인 활동 양상이 속속 드러날 것이다.

無名은 無欲을 낳고 이때 성인은 妙를 본다. 무욕이란 욕구欲가 완전히 가라앉은 후에 나타나는 큰 평화의 상태이다. 묘는 성인이 천지로 변화하는 사건이다. 이것을 무의 생명력이 분출하는 사건, 새로운 자아의 깨달음이 일어나는 사건 등으로 달리 말할 수 있겠다.

有名은 도가 성인을 통하여 세상에 드러나는 상황이며, 萬物之母는 성인이 도의 지혜로 세상을 다스리는 사건이다. 성인은 무명에서 천지로 변화하였기 때문에 유명에서는 만물의 어머니로 활동한다. 有欲은 욕구가 활동하는 상태, 즉, 몸의 생리작용과 마음의 작용이 활발하게 일어나는 상태이다. 우리의 일상적인 삶은 유욕으로 이루어진다. 성인은 무욕에서 묘를 보았기 때문에 유욕에서는 徼를 본다. 徼는 '도의 가장자리'란 뜻으로서 비가시적인 도가 성인을 통하여 가시적으로 드러나고 있음을 나타낸다. 그리하여 성인은 도의 이름名이다.

觀은 도와 성인이 서로 마주치고 결합하는 사건을 함축한다. 이와 대비하여 視는 성인이 도를 향하는 활동, 見은 도가 성인을 향하는 활동을 함축한다. 나중에 14장과 35장에 나오는 視와 見의 용례를 참고하면 세 동사의 차이를 확연하게 알 수 있다.

觀其妙와 觀其徼에서 其는 개인에게 일어나는 고유의 사건임을 나타낸다. 독자는 스스로 '그' 사건을 목격하고 나서야 비로소 妙와 徼의 의미를 분명히 이해하게 된다. 대상을 구체적으로 설명하지 않고 막연한 지시어를 사용하여 독자 스스로 그 대상에 다가가도록 하는 기법인데, 필자는 이것을 부정법不定法 indefinite으로 명명하겠다. 앞서 소개한 생략법과 마찬가지로 부정법 또한 도의 실천을 강력하게 촉구한다. 노자는 부정법을 매우 자주 사용하므로 부정법을 풀어내지 않으면 도덕경의 맥락을 도저히 따라갈 수 없다. 당장의 예로, 만일 妙와 徼라는 단어를 어문학적으로만 이해하려고 한다면 오리무중에서 헤어나지 못할 것이다.

同은 '같은 것'이며 또한 '성인과 도가 결합하는 사건'이다. 묘와 요는 同이 각각 무명과 유명에 따라 달리 드러나는 것인데, 同은 곧 玄이다. 玄은 '도가 성인을 낳는 사건'이며 성인 자신이다. 그리하여 현은 도에서 나온 도, 곧 도의 아들이다.

현은 끊임없이 도와 결합하면서 거듭 새로운 현으로 태어난다. 성인은 '수많은 묘'를 목격하면서 도와 더 깊이 결합하고, 이에 따라 세상에 더 깊이 통달한다. 현의 운동은 묘와 요의 사건으로 이루어지지만 그 중심축은 묘이다. 門은 의지의 방향을 나타내는 상징이다. 현은 무를 사랑하는 의지 또는, 다른 표현으로, 도를 실천하는 의지이다.

2장

天下皆知美之爲美 斯惡已 皆知善之爲善 斯不善已

故有無相生 難易相成 長短相較 高下相傾 音聲相和 前後相隨

是以聖人處無爲之事 行不言之敎

萬物作焉而不辭 生而不有

爲而不恃 功成而不居 夫唯不居 是以不去

세상 사람들은 모두들 아름다운 것을 아름다운 것으로 아는데 이것은 '(내가) 싫어하지 않는 것'이고, 모두들 선한 것을 선한 것으로 아는데 이것은 '선하지 않은 것이 아닌 것'이다. 그러므로 유무는 서로 낳고 난이는 서로 이루며, 장단은 서로 견주고 고하는 서로 기울어지며, 음성은 서로 어울리고 전후는 서로 따른다. 이 때문에 성인은 무위의 일에 몸담고 말 없는 가르침을 행하며, 만물이 (저절로) 꾸려지는데 (그것을) 거절하지 않고 (만물을) 살리되 (만물을) 소유하지 않으며, (백성을) 섬기되 (백성에게) 기대지 않고 공로를 이루되 (그에) 머물지 않는다. 결코 (공로에) 머물지 않으니, 이 때문에 (도를) 떠나지 않는다.

斯(사) 이것　　惡(오) 싫어하다　　恃(시) 믿다

已(이) …하지 않다, …이 아니다

美는 감각적 쾌감을 불러일으키는 사물을 총칭한다. 미의 반대어인 醜는 감각적 불쾌감을 불러일으키는 사물이다. 노자는 추의 절대적 가치를 부정^{否定}하려는 의도에서 일부러 추라는 글자를 쓰지 않는다. 추는 사물에 고유한 특성이 아니라 '내가 싫어하는 것'일 뿐이다. 이에 따라 미는 '내가 싫어하지 않는 것'이 된다. 결국 미와 추는 주관적이고 상대적인 가치이다.

그러니 미를 위해 인생을 걸 필요까지는 없겠다. 물론 군이 추를 추구하는 사람은 없을 것이다. 세상에는 미와 추가 뒤섞여 있으므로 웬만하면 세상을 있는 그대로 받아들이는 것이 편하다. 미에는 수많은 종류와 등급이 있어서 미를 추구하는 사람은 반드시 폭발적으로 불어나는 미의 수렁으로 빠져들게 된다. 또한 세상에는 많은 사람들이 공통적으로 인정하는 미가 있는데 그것을 취하려면 남들과 심한 경쟁을 치러야만 한다.

이어 善과 惡의 문제가 다루어진다. 여기에서도 노자는 매우 짓궂은 언어유희를 구사하여 선을 '선하지 않은 것이 아닌 것'이라고 한다. 따라서 악은 '선하지 않은 것'이 된다. 노자는 선과 악의 절대적 가치도 부정한다. 사람들은 미를 일방적으로 추구하는 것이 아니라 미에 대한 욕구를 적당히 통제하는 규범을 만들어서 그것을 선이라고 한다. 선의 근거를 소급하여 올라가면 결국 미와 추의 문제로 귀결된다. 알고 보면 선과 악도 주관적이고 상대적인 가치에 불과한 것이다. 그러니 억지로 악을 추구할 필요도 없겠지만 그렇다고 열을 내어 선을 추구할 필요도 없겠다.

일반적으로 미를 추구하는 의지를 욕정欲情 desire, 선을 추구하는 의지를 욕망慾望 ambition이라고 한다. 1장에서 언급한 欲 또는 욕구欲求 want는 이 둘을 뭉뚱그려서 지칭한 것이다. 그런데 욕정과 욕망은 서로 충돌한다. 미를 충분하게 누리려면 남들에게 추를 떠안기는 악인이 되어야 하며, 선인이 되려면 미를 남들에게 양보하고 자신은 추를 감수해야 한다. 동서고금의 모든 학문의 관심사는 욕구로 수렴되는데, 여기에서 필연적으로 욕정과 욕망의 갈등을 완화하기 위한 규범의 필요성이 제기된다.

성인은 미와 추, 선과 악을 포용함으로써 사람의 행위에 관한 모든 규범을 해소시킨다. 1장에서 언급한바, 성인은 묘와 요를 얻고 있기 때문이다. 묘는 자아의 완전함에 대한 깨달음이고, 이것은 욕구보다 훨씬 높은 생명의 힘이다. 한편 요는 미와 추, 선과 악을 포용하면서 有의 전체성全體性 totality을 받아들이는 지혜이다. 성인에게는 이 세상 모든 것 중에 불필요한 것이 하나도 없다. 요의 지혜는 묘의 생명력에 근거한다. 성인에게도 물론 욕구가 작용하기는 하지만 요의 지혜로 욕구를 다스리기 때문에 따로 규범을 필요로 하지 않는다.

학문의 관점에서 보면 有無, 難易, 長短, 高下, 音聲, 前後는 서로 상충하는 양자택일의 문제이다. 그러나 전체성의 관점에서 보면 이것들은 반드시 서로를 필요로 하는 관계이다. 여섯 개의 대립 쌍은 각각 두 쌍씩 '나', 만물, 천하의 미추선악에 상응한다.

		학문(규범)	요
나	생명과 죽음	미와 추	有無相生
	지혜와 우매	선과 악	難易相成
만물	기쁨과 슬픔	미와 추	長短相較
	행복과 불행	선과 악	高下相傾
천하	부귀와 빈천	미와 추	音聲相和
	승리와 패배	선과 악	前後相隨

　세상 사람들은 일반적으로 생명, 지혜, 기쁨, 행복, 부귀, 승리를 좋아하므로 성인은 남들이 외면하는 죽음, 우매, 슬픔, 불행, 빈천, 패배를 기꺼이 받아들인다. 미와 추, 선과 악은 서로 마주 보면서 돌고 도는 것이어서 미와 선만을 추구하더라도 끝내 성공할 수 없다. 첫 번째 쌍인 有無相生은 다른 다섯 쌍의 근거를 이룬다. 성인은 무의 힘으로 생명과 죽음을 초월하고 있기 때문에 유를 완전하게 안다.

　聖人은 단순히 도를 실천하는 사람을 가리킨다. 노자가 염두에 두고 있는 성인은 독자나 필자와 같은 평범한 보통 사람이다. 사람은 누구나 무욕의 깨달음인 묘를 얻을 수 있고, 요의 지혜로 미추선악을 포용할 수 있으며, 그에 따라 당연히 성인이 하는 일을 할 수 있다. 도덕경은 바로 독자를 성인으로 변화시키기 위한 책이다.

성인의 지혜는 구체적인 삶의 현실을 다스리는 능력을 발휘한다. 전체성의 세계관으로 통일되는 여섯 개의 대립 쌍에 대응하여 성인의 여섯 가지 행동이 도출된다.

處無爲之事 성인은 무의 힘으로 욕구를 다스리며 그에 따라 주어지는 현실을 기꺼이 수용한다. 이것이 無爲이다. 현에서 오는 생명의 지혜가 없이는 무위를 실천할 수 없다. 욕구의 주도권을 포기하면 생존경쟁에서 탈락할 것처럼 보이기 때문이다. 그러나 사람은 욕구의 주도권을 포기하고 무위를 실천해야만 살 수 있다. 무위는 살기 위한 결단의 행동이다. 無爲之事는 무위를 뒷받침하는 일, 곧 현의 운동*을 가리킨다. 현의 운동은 참된 자아의 본성을 따르는 일이므로 성인은 단순히 그에 몸담는다.

1장 玄之又玄

行不言之敎 성인은 무위를 몸소 실천함으로써 도의 타당성을 증명한다. 노자의 도는 너무나 어리석어 보이기 때문에 말로는 도저히 설명할 수 없다. 성인은 말을 하더라도 비유를 사용하므로 누구든지 도를 실천하고 나서야 비로소 그 비유를 납득할 수 있다. 이런 의미에서 도덕경 또한 말 없는 가르침이다.

萬物作焉而不辭 만물은 무위를 실천하는 성인을 중심으로 조화를 이루며 변화하는데, 성인은 그러한 만물의 변화를 그대로 수용한다. 풀어서 말하면, 즐거운 일과 불쾌한 일을 가리지 않고 받아들인다.

生而不有 인생살이에는 행복과 불행이 갈마들기 마련이다. 사람이 욕구를 추종한다면 살아있는 동안에 아무러한 행복을 누리더라도 죽음과 함께 허무로 돌아갈 것이다. 그러므로 성인은 오직 사는 일에 전념하면서 만물의 존재의미를 살리되 만물에 집착하지는 않는다.

爲而不恃 앞서 無爲라고 하였는데 이번에는 爲라고 한 것에 주목하라. 도는 생명운동이어서 천하백성에 대한 사랑의 충동을 내포한다. 성인은 일방적으로 백성을 섬기되, 자신이 하는 일을 백성에게 인정받으려고 하지 않는다.

功成而不居 성인은 끊임없이 자신을 부정否定함으로써 거듭 새로운 자아의 깨달음을 얻으며, 이를 무기로 삼아 자신과 만물과 천하를 살리는 큰 공로를 세운다.* 이때 성인은 공로를 빌미로 백성 위에 군림하려는 유혹을 느끼는데, 이에 굴복하는 경우 성인은 무위를 벗어나 다시 생명을 잃게 된다. 그러므로 성인은 공로에 머물지 않는다.

1장 有名萬物之母

不去는 도에서 떠나지 않는 것과 죽지 않는 것을 동시에 의미한다. 글자의 뜻으로만 보면 不居와 不去는 서로 모순이다. 어떤 장소에 머물지 않으면서 그곳을 떠나지 않는 것은 불가능하다. 그런데 성인은 공로에 머물지 않기 때문에 도에서 떠나지 않으며, 따라서 죽지 않는다. 도는 생명운동이므로 도에서 떠나면 죽는다. 여기에서 말하는 죽음은 현의 소멸을 의미한다.

不居와 不去의 동음이의^{同音異義} homophone가 재미있다. 비슷한 발음을 지닌 두 단어가 표면상으로는 서로 반대의 뜻을 지니지만 실제로는 같은 사건을 지시한다. 동음이의로 서로 상반되는 사건을 가리키는 경우도 있다. 독자의 주의를 집중시키기 위한 언어유희이다. 이 수법도 도덕경에서 꽤 자주 사용된다.

3장

不尙賢 使民不爭

不貴難得之貨 使民不爲盜

不見可欲 使民心不亂

是以聖人之治 虛其心 實其腹 弱其志 强其骨

常使民無知無欲 使夫智者不敢爲也

爲無爲則無不治

> (왕은) 유능한 사람을 떠받들지 않음으로써 백성이 다투지 않도록 하며,
> 얻기 어려운 물건을 귀하게 여기지 않음으로써 백성이 도둑질을 하지
> 않도록 하며, 바람직한 것을 보지 않음으로써 백성의 마음이 어지럽지
> 않도록 한다. 이 때문에 성인의 다스림은 마음을 비우고 배를 채우며, 뜻
> 을 약하게 하고 뼈를 튼튼히 하며, 늘 백성으로 하여금 무지무욕을 실천
> 하도록 하고 저 지혜로운 자들이 감히 일을 꾸미지 않도록 한다. 무위에
> 힘쓰면 다스리지 않는 것이 없다.

앞 2장에서 살펴본바, 사람의 욕구欲는 욕정과 욕망으로 대
별된다. 욕정의 대상에는 쾌락과 재물의 두 가지가 있다. 쾌락
은 직접적, 즉흥적인 데 비해 재물은 간접적, 예비적이다. 말하
자면, 재물은 필요할 때에 언제든지 사용할 수 있는 확보되고
비축된 쾌락이라고 말할 수 있다. 한편 욕망의 대상에도 명예
와 권력의 두 가지가 있다. 명예는 직접적, 즉흥적이며 권력은

간접적, 예비적이다. 명예는 다른 사람의 인정에 의존하는 데 비해 권력은 다른 사람이 자신을 인정하도록 힘으로 강요한다. 권력은 확보되고 비축된 명예이다. 이렇게 하여 사람은 누구나 쾌락, 재물, 명예, 권력이 뒤섞인 혼합물을 욕구의 대상으로 삼는다.

이것들을 권력, 명예, 재물, 쾌락의 순서로 등급을 매기는 것이 가능하다. 일반적으로 하위의 욕구를 희생하여 상위의 욕구를 채우려는 경향이 있다. 상위의 욕구를 채우고 나면 하위의 욕구를 더 흡족하게 채워서 초기의 희생을 보상받을 수 있기 때문이다. 권력을 얻기만 하면 명예, 재물, 쾌락은 저절로, 그것도 충분하게 확보된다. 그러므로 세상 사람들은 누구나 권력을 추구해 마지않는다.

왕은 권력을 장악함으로써 스스로 천하에서 가장 유능한 자임을 입증하였다. 이제 자신이 유능하다고 주장하는 자는 왕권에 도전하는 역적이다. 그러므로 지혜로운 자는 겸손하게 자신의 능력을 깎아내릴 줄 안다. 왕은 가장 지혜로운 자를 가장 높은 벼슬로 올려주어 그를 명예롭게 한다. 지혜로운 자들은 서로 능력을 다투어 남에게 잘 보이려는 경향이 있는데 왕이 유능한 자를 떠받들지 않는다면 그들은 다툼을 그칠 것이다. 새삼 말할 필요도 없이, 가장 지혜로운 자를 명예롭게 만드는 왕 자신은 천하의 누구와도 비교할 수 없이 지혜롭다.

難得之貨는 재물이다. 왕은 백성으로 하여금 분수에 맞는

재물로 만족하도록 하고 남의 재물을 훔치는 자는 법으로 다
스린다. 부자는 왕의 보호를 받는 대가로 세금을 바치면서 자
신의 분수에 맞도록 더 많은 재물을 긁어모은다. 그리하여 천
하에는 도둑이 사라진다. 왕은 재물을 귀하게 여기지 않더라
도 천하의 누구보다도 부자이다.

可欲은 욕구의 대상인 쾌락, 재물, 명예, 권력을 가리킨다.
욕구를 채우더라도 시간이 지나면 다시 욕구가 생기며 한 가
지 욕구를 채우면 다른 종류의 욕구가 줄줄이 발생한다. 수많
은 사람들의 끝없는 욕구를 만족시킬 수 있는 방법은 없다. 백
성의 욕구를 어느 정도라도 채워주려면 왕의 욕구를 크게 줄
여야 하는데 그렇게 한다면 권력을 얻은 보람이 어디에 있겠
는가? 그러므로 일반 백성은 겨우 먹고 입고 번식하는 정도의
쾌락만 채우고 건축, 토목, 전쟁 등의 국가적인 사업에 동원된
다. 백성이 욕구를 일으키는 대상 자체를 보지 않으면 마음이
어지럽지 않을 것이다.

이상 세 가지는 왕이 지혜로운 자, 부자, 서민을 다스리는
방법이다. 노자는 不이란 글자를 여섯 개나 사용하여 사람의
욕구를 억누르는 정치는 결코 성공할 수 없다는 것을 통렬하
게 지적한다. 왕은 권력을 필두로 명예와 재물과 쾌락을 독차
지하는 한편 백성에게는 겸손, 절제, 충성을 강요함으로써 왕
권에 도전할 엄두를 내지 못하도록 한다. 동서고금의 윤리는
사실 이 세 가지의 덕목을 이리저리 엮어서 다시 풀어놓은 것
에 지나지 않는다. 백성이 서로 다투지 않고, 남의 물건을 훔치

지 않으며, 군소리 없이 왕에게 복종하기만 하면 천하에서 혼
란이 사라질 것이다. 그러나 이것은 죽은 세상이다. 아무런들
사람이 어떻게 눈을 감고 살 수 있겠나?

　이 때문에 성인은 자신이 먼저 도를 실천하여 그것이 올바
른 진리라는 것을 확인한 다음에 백성에게 도를 권유한다.

　心은 마음작용, 곧 욕망을 가리킨다. 욕망은 허상이기 때문
에 의지가 그것을 따라다니지만 않으면 제풀에 힘을 잃는다.
이리하여 마음의 주인이며 도를 실천하는 주체인 '나'를 확보
한다. 마음을 비우고 나면 가슴이 시원해지는 동시에 배가 든
든해지는 것을 실제로 느낄 수 있다. 腹은 몸身을 상징한다. 몸
은 욕정(=만물을 사랑하는 의지)과 현(=무를 사랑하는 의지)이 충돌하는
장소이다. 實其腹은 현이 무의 생명력을 받아들이고 있음을
나타낸다.

　志는 만물을 사랑하는 의지, 곧 욕정을 가리킨다. 마음을 비
운 후에도 욕정은 계속 작용하고 있지만 성인은 이를 무시하
면서 계속 고요함을 지키고 있다. 욕정은 허상이므로 그대로
두면 저절로 약해진다. 이런 일이 일어나는 것은 현과 무가 서
로를 이끌고 있기 때문이다. 骨은 현을 상징한다. 욕정이 약해
지는 만큼 현은 점점 강해진다.

　虛其心 實其腹은 무로 투신하는 사건이며 弱其志 強其骨은
무로부터 자아의 깨달음을 얻는 사건이다. 성인은 도를 사랑

하고 도는 성인을 사랑한다. 만일 성인이 도를 사랑하지 않는 다면 도가 성인을 사랑하는 사건도 일어날 수 없다.

使는 '…로 하여금 …하게 하다'라는 뜻의 사역동사이다. 영 어의 let이나 make에 해당한다. 왕은 자신이 원하는 행동을 백 성에게 강요하는 데 비해 성인은 백성이 스스로 판단하고 선 택하도록 권유한다. 전자는 권력, 후자는 사랑이다. 같은 使로 전혀 상반된 행동을 지시한다. 도덕경은 이처럼 같은 어휘로 전혀 상반되는 사건을 가리키는 수법을 자주 사용하는데, 필 자는 이것을 동어이의同語異義 homonymy로 명명하겠다.

無知는 무를 아는 일인데 무를 지식으로 알 수는 없다. 사람 은 무로 투신하여 무와 결합하는 만큼 무를 알 수 있을 뿐이 다.* 그러므로 無知는 무를 사랑하는 활동으로서 위 虛其心 實 其腹에 해당한다. 한편 無欲은 무에서 오는 생명의 깨달음이 다.* 이것은 무가 성인을 사랑하는 활동으로서 위 弱其志 强其 骨에 해당한다. 그리하여 無知無欲은 사람과 도가 서로 사랑 하고 결합하는 활동이다. 성인이 백성에게 권하는 무지무욕은 자신이 실천하고 있는 바로 그것이다.

1장 同謂之玄

1장 常無欲以觀其妙

무지와 무욕을 하나로 묶어서 무지무욕이라고 한 것에 주 목할 필요가 있다. 무지는 반드시 무욕을 낳는다. 즉, 누구든지 도를 사랑하면 도 역시 그를 사랑한다. 사실 도는 모든 사람을 사랑하지만 도를 사랑하지 않는 사람에게는 사랑의 효과를 낳 을 수 없다. 사랑은 상호적인 활동이기 때문이다. 그러므로 도

를 사랑할지 여부를 판단하고 선택하는 것은 백성 개개인의
몫이다. 사람은 자신의 행동에 대하여 스스로 책임져야 한다.

무지무욕은 '나'를 다스리는 내적 활동이며, 무위는 세상을
다스리는 외적 활동이다. 무위가 물 위에 떠 있는 빙산의 일각
이라면 무지무욕은 물속에 잠겨있는 빙산의 몸체이다. 무지무
욕은 반드시 무위를 낳으며 무지무욕을 실천하지 않으면 결코
무위를 실천할 수 없다. 많은 사람들이 무지무욕을 거들떠보
지도 않고 무위자연을 찬미하는데 들어보나 마나 헛소리임은
말할 필요도 없다.

夫智者는 유가를 비롯한 제자백가를 에둘러 지칭한다. 그들
은 높은 학문을 성취한 후에 백성의 스승 노릇을 하면서 왕에
게 채용될 기회를 노린다. 그들의 행태는 성인과 너무나 거리
가 멀기 때문에 '저￬' 지혜로운 사람들이다. 그들은 자신조차
돌보지 않으면서 백성을 가르치고 천하를 다스리겠다고 호언
한다. 그들은 학문을 팔아서 재물과 명예를 취하는 데 골몰하
되 백성의 처지와 운명은 아랑곳하지 않는다. 성인은 오직 백
성을 사랑하되 재물과 명예에는 초연하므로 도와 학문을 뒤섞
지 않는다.' 누가 참으로 지혜로운 스승인지는 자명하다. 2장 功成而不居

爲無爲는 무위를 실천하기 위한 지혜를 얻는 일로서 무지무
욕을 가리킨다. 無不治는 무위이다. 도를 사랑하면 다스리지
못하는 것이 없다.

*　*　*

1장, 2장, 3장은 순서대로 無欲, 無爲, 無知를 주제로 다룬다. 도덕경에서 德은 바로 이 세 가지의 활동을 가리킨다. 성인의 덕에 대응하여 도는 묘, 요, 현의 사건을 일으키는데 이들 또한 각각 무욕, 무위, 무지의 덕으로 통합된다. 그리하여 덕은 도를 실천하는 주체이며 행위이며 결과이다.

우리가 사는 이 세상은 과거에서 현재를 거쳐 미래로 흘러간다. 사람의 인생은 감성경험과 이성추리과 의지예측의 활동으로 이루어지는데 이것은 시간의 세 차원에 상응하는 것이다. 잘 생각해보면 과거는 이미 지나갔으며, 현재는 붙잡을 수도 없는 무한소이며, 미래는 아직 오지 않았다. 有에 잠겨있는 자아는 오로지 유를 향하고 있음에도 불구하고 끝끝내 유를 붙잡을 수 없고, 따라서 자신을 알 수도 없다. 어항 속의 금붕어가 어항을 볼 수 없고, 따라서 자신의 처지를 알 수 없는 것과도 같다.

이러한 자아의 의지는 욕구에 굴복하고 있으며, 이에 따라 감성과 이성 또한 욕정과 욕망에 굴복하고 있다. 욕구는 허상이기 때문에 욕구에 굴복한 자아는 유를 헤매다가 허무하게 소멸하는 수밖에 없다. 성인은 이러한 인생살이에 도저히 만족할 수 없으므로 참된 자아를 찾아 무로 투신한다. 무욕, 무위, 무지는 무의 힘으로 감성, 이성, 의지를 부정否定하는 활동인데, 이는 결국 자기부정自己否定 self-negation 으로 귀결된다. 사람의 자아는 감성, 이성, 의지의 결합체에 다름 아니기 때문이다.

1장 無名天地之始

4장

道沖而用之或不盈 淵兮似萬物之宗

挫其銳 解其紛 和其光 同其塵

湛兮似或存 吾不知誰之子 象帝之先

> 도는 텅 비었으되 (나는) 그것을 (무한정) 쓰는데 아무것도 (나를) 채우
> 지 않는다. (나는 생명의 물이 흘러넘치는) 깊은 못이니 만물의 종갓집
> 과도 같다. (생명의 물은) 그 날카로움을 꺾고, 그 어지러움을 풀고, 그
> 빛을 아우르고, 그 티끌을 모은다. 누군가가 물에 흠뻑 적셔져 있는 듯한
> 데, 나는 (그가) 누구의 아들인지 모르지만, 상제보다는 앞서리라.

沖(충) 비다   湛(담) 잠기다   誰(수) 누구(who)

帝(제) 천신   或(혹) 아무것도(anything), 누군가(somebody)

沖은 성인이 도의 안에 푹 잠겨있는 상태이다.˺ 或은 만물 1장 無名天地之始
을 가리킨다. 성인은 무로부터 무한한 생명력을 받아들이면서
만물에 의존하지 않는 자족적인 존재임을 자각한다.

淵은 성인으로부터 생명의 지혜가 넘쳐흐르는 모습이다.˺ 1장 有名萬物之母
성인은 사람에 불과한 자신이 만물에 통달하고 있다는 믿기
어려운 사실에 경탄한다.

宗의 상징과 관련하여 간략하게나마 주나라의 봉건제를 살

펴볼 필요가 있다. 왕은 제후에게 봉토를 하사하고 제후는 왕에게 일정의 세금, 군역, 부역을 바침으로써 충성을 표시한다. 제후는 봉토 안에 성곽으로 둘러싸인 봉읍을 조성하고 그 안에 종갓집을 세운다. 종갓집은 봉토의 주민에 대하여 절대적인 권력을 행사하는데 이것은 종갓집의 가장인 제후가 왕에게 충성함으로써 그의 신임을 받고 있기 때문에 가능한 일이다. 이와 비슷한 이치로, 성인이 만물에 통달하고 있는 것은 그가 도를 사랑함으로써 도의 지혜를 받아들이고 있기 때문이다.

3장 虛其心 實其腹 弱其志 強其骨이 세상에서 도를 향하여 올라가는 상향운동이었다면 挫其銳 解其紛 和其光 同其塵은 도의 생명력을 품고 세상으로 내려가는 하향운동이다. 이것은 마치 깊은 연못물이 넘쳐 아래로 흘러가며 만물에 생명을 주는 것과도 같다.

挫其銳 욕정의 주도권이 꺾이면서 쾌락과 재물에 초연하다.

解其紛 도에 대한 의심을 해소하고 무위를 지킨다. 의심은 ^{3장 夫智者} 智ˇ의 활동이다.

和其光 생명의 지혜를 천하백성과 함께 나눈다. 光은 생명의 지혜가 백성의 마음을 비추고 있는 모습을 나타낸다. 빛을 받아들이는 사람은 빛의 근원인 도를 사랑하게 된다.

同其塵 천하백성을 사랑하는 일에 만물의 티끌 하나까지도

활용한다. 그리하여 성인은 언제 어디서나 모든 사람을 사랑한다. 同은 만물이 <u>스스로</u> 성인과 결합하고 있음을 나타낸다.[」] ^{2장 萬物作焉}

湛은 성인이 도의 생명력으로 흠뻑 적셔진 상태이다. 성인은 자신이 이루고 있는 공로를 바라보면서 자신이 하는 일은 바로 도가 하는 일이라는 것을 안다. 或은 현을 가리킨다. 현이 존재하는 것은 분명한데 그것을 감각과 이성으로 알 수는 없다.

노자는 현이 누구의 아들인지 모른다, 풀어 말하면, 현은 무에서 나온 무이다. 노자는 도의 생명력으로 천하와 만물을 완전하게 다스리면서 자신이 도에서 나온 도의 아들임을 깨닫는다. 象은 2장에서 언급한 有의 전체성을 가리킨다. 象이야말로 참된 유, 유다운 유이다. 도의 아들은 象을 낳으면서 포용한다.

象帝는 유가^{儒家}의 경배 대상인 上帝를 풍자하기 위하여 고안한 단어이다. 왕과 그를 보필하는 '저 지혜로운 사람들'[」]은 ^{3장 夫智者} 정권의 번영을 기원하면서 上帝에게 제사를 드리지만 그것은 욕구를 만물에 투사^{投射}하여 만들어낸 우상^{偶像 idol}에 지나지 않는다. 그들은 호흡을 맞추어 제사를 드리면서도 마음속에는 서로에 대한 시기와 질투를 감추고 있어서 기회만 닿으면 상대방을 공격하며 하극상도 서슴지 않는다. 上帝는 이름만 높을 뿐이고 象의 일부를 떼어서 만들어낸 허상에 불과하기 때문에 천하에 복을 내리기는커녕 오히려 혼란을 가중시킨다. 마치 장님들이 코끼리의 배, 다리, 코 등을 만지면서 각자가 상상한 것을 서로 코끼리라고 주장하는 상황과도 같다.

象의 일부에 불과한 만물을 上帝라고 칭한다면 象은 더더욱 象帝로 칭해야 마땅할 것이다. 물론 象 역시 만물이다. 그러나 象을 낳는 도의 아들이야말로 명실상부한 신神이다. 노자는 모든 우상에서 해방된 도의 아들이며 만물 위에 뛰어난 신이다.

노자가 신이라면 노자를 낳은 도가 신이라는 것은 새삼 말할 것도 없다. 개는 개를 낳고 사람은 사람을 낳듯이 신은 신을 낳을 것이기 때문이다. 다만 도는 노자와는 비교할 수도 없이 위대한 신이다. 도는 노자를 위하여 온 우주 만물을 낳고 있으되 노자는 도가 자신을 위하여 이루는 업적을 일방적으로 수용하고 있을 뿐이다. 노자의 도는 무한한 생명과 지혜와 능력을 지닌 살아있는 신이다.

5장

天地不仁 以萬物爲芻狗 聖人不仁 以百姓爲芻狗

天地之間 其猶橐籥乎 虛而不屈 動而愈出

多言數窮 不如守中

> 천지는 너그럽지 않으니 만물을 짚으로 만든 개로 여긴다. 성인은 너그럽지 않으니 백성을 짚으로 만든 개로 여긴다. 하늘과 땅 사이는 풀무와 같다고나 할까? 비어 있으나 찌그러지지 않고, 움직여서 (도의 생명력을) 한없이 내보낸다. 말을 많이 하면 자주 막히니, 가운데를 지키느니만 못하다.

芻(추) 건초　　橐(탁) 자루　　籥(약) 피리　　愈(유) 더욱

數(삭) 자주

仁은 상대방에게 되도록 많이 주고 적게 받기를 장려한다. 둘 사이에 仁이라는 윤리를 적용하려면 그 둘이 어느 정도 대등한 관계에 있어야만 한다. 만일 한쪽이 일방적으로 주기만 하고 다른 한쪽은 일방적으로 받기만 하는 관계라면 仁이라는 윤리 자체가 성립하지 않는다.

芻狗는 민간에서 사용하던 미신의 도구이다. 사람은 芻狗를 만들어서 그것의 역할과 운명을 결정하되 芻狗가 사람을 만들거나 사람의 역할과 운명을 결정하지는 않는다. 사람은 芻狗

에게 모든 것을 주되 芻狗는 사람에게 아무것도 주지 않는다. 그러므로 사람은 芻狗에게 不仁하다. 한편 芻狗는 의지가 없으므로 사람에 대하여 仁도 不仁도 할 수 없다.

1장에서 말한 대로 天地는 성인의 별칭이다. 천지는 도의 생명력으로 욕정을 다스리고 있으므로 쾌락과 재물에 초연하며, 이 때문에 만물을 완전하게 다스린다. 천지는 일방적으로 만물을 낳되 만물은 천지에 하등의 영향을 미치지 못한다. 그러므로 천지는 만물에게 不仁하다.˅

2장 生而不有

성인은 도의 지혜로 욕망을 다스리고 있으므로 명예와 권력에 초연하며, 이 때문에 천하를 완전하게 다스린다. 성인은 일방적으로 백성을 살리되 백성은 성인을 살리는 데에 아무런 도움을 주지 못한다. 그러므로 성인은 백성에게 不仁하다.˅

2장 爲而不恃

天과 地는 성인 안에서 하나로 결합되어 있으면서도 한편으로는 그야말로 하늘과 땅처럼 서로 멀고도 이질적이다. 천은 비가시적이고 신적인 무의 세계이며, 지는 가시적이고 물질적인 유의 세계이다. 天地之間은 무와 유가 서로 소통하는 맑은 마음이다. 풀무는 텅 비어 있으되 그 속에는 바람이 가득 들어 있어서 찌그러지지 않는다. 이처럼 성인은 재물과 명예에 초연하되 그의 마음은 보이지 않는 도의 생명력으로 가득 차 있어서 비굴하지 않다.

마치 풀무가 왕복운동을 하며 거센 바람을 내뿜듯이, 성인은 천지를 왕복하면서 도의 생명력을 세상으로 내뿜는다. 풀무의 바람이 강하고 단단한 무쇠를 녹이듯이, 성인의 사랑은 백성의 어리석은 고집을 녹인다. 성인의 사랑은 천하와 만물 구석구석으로 끝없이 퍼져가면서 지칠 줄 모른다.

풀무가 작동하려면 반드시 대장장이가 주름 주머니로 바람을 밀어 넣어야만 한다. 이처럼 성인은 도의 충동질을 그대로 받아들여서 아무 힘을 들이지 않고 현의 운동을 일으킨다. 도는 무이므로 보이지 않는다. 대장장이를 언급하지 않은 것도 이 사실을 강조하는 생략법이라고 할 수 있다.

도를 모르는 사람이라면 지금까지 한 말이 너무나 비현실적으로 들려서 도저히 믿기지 않을 것이다. 성인으로서도 더 이상 할 말이 없다. 어차피 무의 사건을 말로 설명할 수는 없다. 中은 성인 자신을 가리킨다.' 성인은 더 이상 말을 하는 대신에 스스로 잘 사는 일에 충실하겠다고 결심한다.' 성인을 잘 살펴보고 그를 본받아 도를 실천하는 사람은 비유를 수긍하게 될 것이다.

1장 萬物之母

2장 行不言之敎

6장

谷神不死 是謂玄牝 玄牝之門 是謂天地根 綿綿若存 用之不勤

> 곡신은 죽지 않으니 이를 검은 암소라고 한다. 검은 암소의 항문이 있으니 이것을 천지의 뿌리라고 한다. (현은) 실오라기처럼 겨우 이어지는데 (천하와 만물이 아무리) 그것을 누려도 지치지 않는다.

재물과 명예에 초연한 성인의 텅 빈 마음은 천하백성에 대한 사랑으로 가득 채워져 있으므로 노자는 성인에게 谷神이라는 별명을 붙였다. 谷神은 자신이 不死의 존재임을 안다.

谷神은 곡식의 신인 穀神곡신을 풍자하기 위해 고안한 단어이다. 세상 사람들은 음식을 가장 중요하게 여겨서 穀神에게 제물을 바치며 극진히 섬긴다. 그러나 穀神은 우상에 불과하므로 실제로는 아무 효험이 없거니와, 아무리 음식을 배불리 먹더라도 때가 되면 육신은 흙으로 돌아가야만 한다.

穀神은 세상의 스승들과 연결된다. 그들은 제자들에게 수업료를 받고 지혜를 가르친다. 제자들은 스승에게 배운 지혜를 이용하여 투자한 수업료보다 더 큰 이익을 얻기를 기대하지만 지혜가 많다고 꼭 성공하는 것도 아니고 기껏 힘들게 성공을 하더라도 죽음과 함께 모두 헛것이 되고 만다.

谷神은 또한 玄牝이다. 玄은 도의 아들이며, 牝은 암소의 수 동성, 굴욕, 고요함, 포용성, 생산성 등을 상징한다. 성인은 도의 생명력을 받아들이면서 인생의 희로애락을 거리낌 없이 모두 수용하며 선인과 악인을 가리지 않고 모든 사람을 사랑한다.

玄牝之門은 검은 암소의 항문을 뜻하는데, 상징적으로 현을 품은 맑고 고요한 마음을 가리킨다. 검은 암소는 이것저것 가 리지 않고 모든 잡초를 뜯어 먹고, 거친 음식을 되새김질로 소 화시키고, 영양분을 흡수하고 난 찌꺼기는 똥으로 배출시킨 다. 이 세 가지 행위를 무지, 무욕, 무위에 대응할 수 있겠다. 무지는 자신과 천하와 만물의 미추선악을 포용하면서 도의 지 혜를 구하는 일이며, 무욕은 욕구를 초월하는 신적인 깨달음 을 얻는 일이며, 무위는 재물과 명예의 유혹을 물리치면서 천 하백성을 사랑하는 일이다. 성인은 사람을 사랑하되 재물과 명예를 똥처럼 여긴다.

^{1장 衆妙之門}

현을 품은 마음은 天地를 기르는 뿌리이다. 현이 도에 깊이 뿌리를 내릴수록 천지의 활동은 더욱 활발해져서 성인은 도 를 더욱 사랑하는 한편 천하와 만물을 더욱 잘 다스린다. 현은 실오라기가 이어지는 것처럼 아슬아슬하게 존재하는데 성인 은 지극히 맑고 고요한 마음속에서 그것을 겨우 볼 수 있을 뿐 이다.

^{1장 無名天地之始}
^{1장 玄之又玄}
^{4장 湛兮似或存}

성인에게서 도의 생명력이 솟아나와 천하와 만물로 퍼져나 간다. 성인은 단순히 도를 사랑함으로써 모든 것은 완전하게

^{5장 動而愈出}

다스리므로 애써 노력할 필요도 없고 결과에 마음을 쓸 필요도 없다. 성인은 천하와 만물을 살리는 큰 공로를 세우면서도 지치기는커녕 오히려 사랑의 힘이 더 강해진다.

7장

天長地久
天地所以能長且久者 以其不自生 故能長生
是以聖人後其身而身先 外其身而身存
非以其無私邪 故能成其私

하늘은 오래 살고 땅은 늙지 않는다. 천지가 오래 살고 늙지 않을 수 있는 것은 그가 자신을 살리려고 하지 않기 때문이다. 그러므로 오래 살수 있다. 이 때문에 성인은 몸을 뒤로 물림으로써 몸이 앞서고, 몸을 밖으로 빼냄으로써 몸을 보존하니, (이는) 그가 사사로움이 없기 때문이 아닌가? 그러므로 사사로움을 완성할 수 있다.

天은 도의 생명력을 받아들이므로 만물의 생성소멸을 벗어나 도와 함께 오래 산다. 한편 地는 아무 노력을 기울이지 않고 도의 지혜로 만물을 완전하게 다스리므로 늙지 않는다.

모든 생명체는 욕구의 활동을 통하여 만물을 취함으로써 생명을 유지한다. 그러므로 욕구의 힘이 다하면 생명체는 늙어서 죽는다. 그런데 천지는 만물을 취하여 자신을 살리려고 하지 않고* 단순히 도의 생명력을 누리기 때문에 도와 함께 죽지 않는다.

5장 天地不仁
以萬物爲芻狗

後其身의 身은 욕정, 外其身의 身은 욕망, 身先과 身存의 身은 현이다. 같은 身으로 욕구를 추종하는 의지와 현을 동시에 지시한다. 사람은 자신의 행동에 따라 살기도 하고 죽기도 한다. 그래서 두 사건에 대하여 모두 '몸身'이라는 단어를 사용하는 수밖에 없다. 성인은 욕정을 추종하지 않음으로써 백성보다 앞서 생명을 취하며, 욕망을 추종하지 않음으로써 천하의 다툼에서 벗어나 생명을 보존한다.

私는 식량禾을 보따리ム에 싸는 것을 형상화한 글자로서 제 몫을 차지한다는 의미이다. 우리말의 관행에 따라 '사사로움'으로 번역하였다. 사사로움은 욕구의 대상인 쾌락, 재물, 명예, 권력을 자신의 몫으로 여기는 것이다. 욕구는 육신이 살아있는 동안에만 작용하므로 사사로움은 착각의 산물이다. 성인은 현의 운동으로 욕구를 다스리기 때문에 사사로움이 없다. 사사로움이 있는 사람은 쾌락과 재물을 차지하기 위해 남들보다 앞서야 하며, 명예와 권력을 차지하기 위해 천하의 다툼에 뛰어들어야 한다.

能成其私의 私는 현이다. 현이야말로 성인이 결코 포기하지 않는 자신의 고유한 몫이다. 이 세상을 사는 동안 늙지도 죽지도 않는 생명을 차지할 수 있다는 것을 알면서도 이를 마다할 사람은 없을 것이다.

身과 私에 대한 동어이의의 수법을 눈여겨보라. 身은 행동이며 私는 행동의 결과로서 차지하는 몫이다.

8장

上善若水
水善利萬物而不爭 處衆人之所惡 故幾於道
居善地 心善淵 與善仁 言善信 正善治 事善能 動善時
夫唯不爭 故無尤

> 상선은 물과 같다. 물은 만물을 잘 활용하면서 다투지 않으며, 사람들이
> 싫어하는 곳에 몸담는다. 그러므로 도에 가깝다. (천하에) 머무는 것은
> 땅, (백성을 사랑하는) 마음은 연못, (백성과) 더불어 사는 것은 너그러
> 움, 말은 믿음, 정치는 다스림, 일은 능력, 행동은 때이다. (성인은) 결코
> 다투지 않으므로 재앙이 없다.

幾(기) 가깝다   與(여) 함께하다   尤(우) 재앙

무위는 선과 악을 포용하므로 上善이다. 4장에서 도의 생명
력을 물¾의 상징으로 나타낸 연장선상에서 무위를 물의 활동
에 비유한다. 성인은 만물의 존재 의미를 살려서 백성의 생명
을 낳고 기르고 완성하는 데에 활용하되 만물의 변화를 거스
르지 않는다.º

2장 萬物作焉而不辭

사람들은 서로 높아지기 위해 다투며 낮은 곳을 싫어한다.
성인은 남과 다투지 않기 때문에 홀로 낮은 곳으로 갈 수밖에
없다. '도에 가깝다.'는 성인에게도 낮은 곳을 싫어하는 마음이

있음을 농담조로 말한 것이다. 성인은 현을 보전하기 위하여

7장 非以其無私邪
故能成其私

사사로움의 유혹을 이겨내고 있다.

다음에는 성인이 잘하는 일곱 가지 일을 제시한다. 고대인들은 해, 달, 화성, 수성, 금성, 목성, 토성 등 일곱 천체의 운행을 관찰하여 미래를 점쳤다. 이로부터 7은 하늘의 뜻을 가리키는 상징 수가 된다. 무위는 도의 경륜을 따르는 일이므로 노자는 의도적으로 숫자 7을 맞추었다.

5장 不如守中

居善地 居는 사사로움을 다투는 군중의 대열에 합류하지 않고 도에 머무는 것이다. 땅이 모든 것을 수용하는 것처럼, 성인은 미추선악을 가리지 않고 주어지는 현실을 그대로 받아들인다.

4장 淵兮似萬物之宗

心善淵 성인의 마음은 천하백성에 대한 사랑으로 가득 차 있다.

與善仁 성인은 백성과 더불어 생활하면서 아무 보답을 바라지 않고 그들을 살리기 위해 헌신한다. 5장에서는 不仁이라고 하였지만 지금은 仁이다. 자구에 연연하는 것은 무의미하다.

言善信 信은 말과 현실이 일치하는 것이다. 성인은 스스로 도를 실천하고 나서 그가 겪은 것을 말한다. 누구든지 성인의 말에 따라 도를 실천하면 그가 말하는 결과를 얻을 수 있다.

正善治 正은 스스로 백성의 본보기가 되는 정치이다. 성인은 몸소 도의 본보기가 됨으로써 천하를 성공적으로 다스린다.

事善能 도는 반드시 성공한다. 도는 도를 사랑하는 사람에게 필요한 모든 도움을 주기 때문이다.

動善時 성인은 늘 현의 운동을 일으키면서 천하와 만물을 살리는 공로를 세운다. 성인에게는 모든 때가 성공의 기회이다.

성인은 사사로움이 없으므로 결코 백성과 다투지 않으며, 이로써 죽음이라는 큰 재앙을 벗어나 있다.

9장

持而盈之 不如其已 揣而銳之 不可長保

金玉萬堂 莫之能守 富貴而驕 自遺其咎

功遂身退 天之道

> (자루를) 붙잡고 그것을 채우는 것은 그것을 그만두느니만 못하고, (칼을) 벼려서 날카롭게 갈면 오래 보전할 수 없다. 금과 옥이 집에 가득해도 그것을 지킬 수 없고, (스승이) 부귀하면서 교만하면 스스로 그 허물을 남긴다. 공로를 완수하면 몸을 물리는 것이 하늘의 도이다.

揣(취) 벼리다　　驕(교) 교만하다　　咎(구) 허물　　遂(수) 마치다

持而盈之의 之는 곡식을 담는 자루橐이다. 사람에게 억지로 학문을 주입하려고 애쓸 필요는 없다. 오히려 사람은 속이 풀무橐籥처럼 텅 비어야만 도의 지혜를 받아들일 수 있다.

5장 天地之間
其猶橐籥乎

揣는 칼을 망치로 두드려서 벼리는 것이며, 銳는 벼린 칼을 숫돌에 갈아서 날카롭게 만드는 것이다. 따라서 揣而銳之의 之는 칼(=利器)이다. 칼을 벼리고 갈아서 날카롭게 만들면 당분간 잘 들기는 하겠지만 그것을 오래 유지할 수가 없다. 사람은 자유로운 신적인 존재(=神器)이므로 법과 윤리로 본성을 억누르면 끝까지 견딜 수 없다. 揣는 법, 銳는 윤리에 해당한다.

   세상의 스승들은 학문을 가르치는 대가로 재물을 모은다. 그러나 재물로 죽음을 막을 수는 없으며 스승이 죽고 나면 애써 모든 재물은 다른 사람들의 차지가 된다.

   富貴는 왕이 지혜로운 자들에게 내리는 혜택으로서˟ 명예 를 가리킨다. 사람보다 사람의 칭찬을 더 사랑하는 스승은 남을 가르칠 자격이 없다.

3장 不尙賢 使民不爭

   功遂는 백성이 성인의 가르침에 따라 도를 실천하기 시작한 것이다. 새로운 성인은 이제부터 직접 도의 가르침을 받을 것이다. 身退는 스승이 사사로움의 유혹을 물리치고 현의 운동에 머무는 것이다.˟ 성인은 공로를 완수한 것 자체로 만족하고 공로를 즐기기 위해 도와 백성의 사이에 끼어들지는 않는다.˟ 天之道는 '하늘에서 비롯한 도'로서 무위를 가리킨다. (天은 성인이 도를 만나는 장소이다.)

7장 後其身而身先

2장 功成而不居

10장

載營魄抱一能無離乎 專氣致柔能嬰兒乎 滌除玄覽能無疵乎
愛民治國能無知乎 天門開闔能爲雌乎 明白四達能無爲乎
生之畜之 生而不有 爲而不恃 長而不宰 是謂玄德

군영에 마음을 싣고 하나를 끌어안아 나뉘지 않을 수 있을까? 기를 오로지함으로써 부드러움에 이르러 어린아이가 될 수 있을까? (욕구의 찌꺼기를) 씻어 없애고 어둠을 둘러보는데 흠이 없을 수 있을까? 백성을 사랑하고 나라를 다스리는데 무지를 실천할 수 있을까? 하늘의 문이 문짝을 여는데 암컷이 될 수 있을까? 완전한 지혜가 사방에 두루 미치는데 무위를 실천할 수 있을까? (성인은 백성을) 낳고 기르니, 살리되 소유하지 않으며 섬기되 기대지 않으며 어른이면서도 지배하지 않는다. 이를 현덕이라고 한다.

載(재) 싣다   魄(백) 넋   滌(척) 씻다   除(제) 닦다

疵(자) 흠   闔(합) 문짝   宰(재) 주관하다

載營魄抱一能無離乎 營은 몸을 가리키는 상징이며, 魄은 마음이다. 몸을 군영이라고 한 것은 도를 전쟁에 비유한 것이다. 말하자면, 성인이라는 사령관은 하늘에서는 도의 뜻을 받들며 땅 위에서는 몸을 지휘본부로 삼아 사사로움과 싸워 이기면서 천하백성의 생명을 살려낸다.

抱一은 현에 의해 몸과 마음이 통일되어 있음을 나타낸다.3장 虛其心 實其腹
離는 몸과 마음의 분열이다. 無離乎는 욕구에 굴복하고 싶은
유혹을 지적한다. 욕구를 따르는 의지는 몸과 마음으로 분열
된다. 노자는 잇달아 여섯 개의 도전적 질문을 던지면서 독자
를 계속 무 안으로 끌어들인다.

專氣致柔能嬰兒乎 氣는 도의 생명력이다. 지금까지 계속 기
의 활동을 묘사하여 왔으면서도 정작 기라는 이름을 이제야
사용하는 것이 짓궂다. 기는 무의 힘이므로 감각으로 경험할
수도 없고 개념적으로 이해할 수도 없다. 기를 알려면 오직 무
와 씨름하여 온몸으로 기를 받아들이는 수밖에 없다.

아무튼, 一을 이룬 성인은 우선은 뻣뻣하게 경직되어 있다.
아직 속마음이 현에 승복하지 않고 있기 때문이다. 이에 성인
은 몸의 힘을 빼면서 기에 집중하고, 이윽고 긴장이 풀리면서
기의 부드러움을 성취한다. 柔flexible는 개방적이고 가변적인 성
질이다. 어린아이가 오직 엄마의 손을 의지하듯이, 성인은 순
진한 마음으로 자신을 기의 흐름에 맡기고 있다.

滌除玄覽能無疵乎 마음작용과 감각작용이 가라앉으면 성인
은 유를 벗어나 무의 어둠 속에 잠기게 된다. 滌除는 아직 남
아있는 욕구의 사소한 활동이 잦아드는 상황이다. 玄覽은 무
의 어둠 안에서 주위를 둘러보는 것으로서 현이 자신을 확인
하고자 하는 몸짓이라고 할 수 있다. 疵는 미세한 욕구의 작용
을 가리킨다. 성인이 이것을 흠으로 여기는 것은 현이 만물에

의존하지 않는 완전한 존재라는 사실을 반영한다. 성인은 맑고 고요한 마음으로 무의 어둠에 머물고 있다.

愛民治國能無知乎 성인은 신적인 생명을 천하백성과 함께 나누려는 무조건적인 사랑의 충동을 품는다. 愛民은 천하백성의 생명을 아끼는 것이며 治國은 성인들을 격려하는 것이다. 國은 성인들의 공동체이다.

그런데 성인은 애민치국을 수행하는 중에 끊임없이 智의 유혹에 봉착한다. 智는 매우 기만적이어서 그에 직접 대항하여 이길 수는 없다. 그리하여 성인은 애민치국의 지혜를 구하기 위하여 다시금 도를 찾는다. 無知乎는 '학문을 버리고 도를 사랑할 수 있을까?'로 풀 수 있다. 천하백성을 사랑하려면 먼저 도를 깊이 사랑해야만 한다.

1장 衆妙之門
6장 玄牝之門 天門開闔能爲雌乎 天門은 현을 품은 맑고 고요한 마음이다. 성인은 애민치국의 지혜를 구하기 위해 하늘에 머물러 있다. 성인과 도 사이에 인격적인 신뢰관계가 형성되어 있지 않다면 이보다 더 허황된 행동은 없을 것이다. 闔은 자아의 껍데기이다. 현이 자신을 부정하면서 새로운 자아로 거듭나는 사건을 도가 문짝을 열고 현을 맞아들이는 것에 비유한다. 이때 성인은 하릴없이 도의 권능을 받아들일 뿐이다. 雌는 수동성을 상징한다. 爲雌乎는 능동적으로 생각을 굴려서 이 놀라운 사태를 해명하려고 시도하지 말도록 미리 경고하는 것이다. 사람의 지혜는 도의 활동을 해명할 수 없고 오히려 그것을 가로막는다.

明白四達能無爲乎 明은 도의 지혜이며 白은 완전함이다. 四達은 생명과 죽음, 참과 거짓을 꿰뚫어보는 것이다. 성인은 明의 힘으로 智의 교묘한 간계를 물리치면서 참된 생명의 길을 간다. 성인의 도를 받아들이는 사람은 살 것이고 거절하는 사람은 죽을 것이다. 성인으로서는 이제 더 이상 할 일이 없다. 이것이 무위이다. (明과 智를 둘 다 지혜라고 할 수밖에 없다. 궁여지책으로 상황에 따라 明을 도의 지혜 또는 밝음, 智를 사람의 지혜 또는 꾀로 지칭하겠다. 智는 사람에게 고유한 탁월한 지적 능력임에 틀림없다. 다만 노자는 사람의 지혜로 인생과 세상을 알 수 있다는 주제넘은 주장을 인정하지 않는다.)

無爲乎는 무위를 벗어나고 싶은 충동을 지적한다. 백성의 스승 노릇을 하는 사람은 늘 사사로움의 유혹을 받는다. 이에 굴복하는 경우 백성을 가르친다는 명목으로 수업료나 헌금을 거둘 것이고 곧이어 조직, 위계질서, 건축 등을 갖춘 사업을 벌이게 될 것이다. 무당이 재齋보다 잿밥에 맛을 들인 격이다. 무위를 떠난 스승이 남에게 무위를 가르칠 수는 없다.

2장 功成而不居
9장 功遂身退 天之道

4장 和其光의 光은 明의 활동이다. 밝은 등불이 세상을 비추는 것과도 같다. 상식적으로는 먼저 明을 소개한 다음에 光이 나와야 할 터인데 노자는 그 반대의 순서를 취하였다. 이것은 개념의 유희를 방지하고 독자를 곧바로 무의 사건으로 이끌려는 의도이다. 다음에 연결되는 내용은 和其光에 해당한다.

生之畜之 성인은 백성을 새로운 성인으로 낳고 기른다. 畜은 짐승을 기르는 것이다. 성인은 백성을 짐승과 같은 비참한

처지에서 끌어올려 도의 아들로 완성한다.˙

生而不有 2장의 똑같은 구절을 참조하라. 2장에서 생략된 목적어는 '만물'이고, 지금 생략된 목적어는 '백성'이다.

爲而不恃 역시 2장의 똑같은 구절 참조.

長而不宰 嬰兒와 長의 역설을 주목하라. 성인은 도의 어린 아이이기 때문에 백성의 어른 노릇을 할 수 있다. 2장 功成而 不居는 재물과 명예에 대한 욕심을 지적하는 데 비해 長而不 宰는 권력욕을 지적한다. 성인은 백성의 어른임에 틀림없지만 그들을 권력으로 지배하지는 않는다. 도는 자유로운 의지를 따르는 일이기 때문이다.

玄德은 '도를 사랑하는 덕'으로서 무지의 별칭이다.

━━━━ 11장 ━━━━

三十輻共一轂 當其無 有車之用

旋埴以爲器 當其無 有器之用

鑿戶牖以爲室 當其無 有室之用

故有之以爲利 無之以爲用

서른 개의 바퀴살이 하나의 바퀴통으로 모아지는데, 그 없음으로 말미암아 수레바퀴의 쓸모가 있다. 흙 반죽을 돌려서 그릇을 만드는데, 그 없음으로 말미암아 그릇의 쓸모가 있다. 문과 창을 뚫어 집을 만드는데, 그 없음으로 말미암아 집의 쓸모가 있다. 그러므로 유가 있음으로써 (사람에게) 이롭고, 무가 있음으로써 (사람에게) 쓸모가 있다.

輻(폭) 바퀴살   轂(곡) 바퀴통   車(거) 수레바퀴

鑿(착) 뚫다   牖(상) 창문

서른 개의 바퀴살은 한 달 30일과 연결되어 만물의 영고성쇠榮枯盛衰를 상징한다. 바퀴살은 만물, 바퀴통은 천, 바퀴테輞망는 지에 대응한다. 수레바퀴는 바퀴통의 축받이 구멍이 있음으로써 수레바퀴로서의 기능을 수행한다.

만물은 오직 천지를 오가는 현의 운동으로 말미암아 그 존재가치가 드러난다. 현은 무에서 나온 무이다.

10장 愛民治國

그릇은 성인들의 공동체＊를 상징한다. 흙 반죽은 천하, 물레
는 성인, 옹기장이는 도이다. 성인은 도와 협력하여 천하에 기
를 불어넣고 있다. 원하는 사람은 누구나 기를 받아들여서 생
명을 얻으며, 이로써 계속 새로운 성인들이 탄생한다.

천하는 오직 성인들의 공동체로 말미암아 그 존재가치가 드
러난다. 성인이 없는 천하는 생존경쟁의 각축장에 지나지 않
는다.

집은 자아를 상징한다. 지게문은 무지의 덕, 창문은 무위의
덕, 집의 빈 공간은 무욕의 덕이다. 사람이 제구실을 하려면 무
지의 지게문을 열고 자아의 내면으로 들어가 무를 사랑해야
한다. 무에서 오는 생명의 물을 마시고 갈증을 채우고 나면 무
4장 淵兮似萬物之宗
욕의 깨달음이 저절로 넘쳐흐른다.＊ 무위의 창문을 뚫어 집 밖
에 펼쳐지는 유의 전체성象을 감상한다. 사람은 도를 사랑하고
덕을 쌓음으로써 비로소 사람다워진다.

바퀴통의 구멍, 그릇의 안쪽, 집의 내부 등은 물론 무가 아니
라 물건의 빈 공간일 뿐이다. 무는 학문으로 규명할 수도 없고
물건에 빗대어 상상할 수도 없다. 무를 알려면 자아의 내면으
로 들어가 무로 투신해야만 한다. 성인은 덕을 쌓음으로써 무
를 안다. 덕은 기를 받아들이고 기와 일치하여 기를 따르는 활
동이며 그 활동의 주체이다. 위 세 가지 물건은 각각 무지, 무
위, 무욕의 덕을 설명하기 위한 상징이다. 수레바퀴와 그릇과
집은 각각 그 빈 공간으로 말미암아 쓸모가 있는 것처럼 성인

은 덕을 쌓음으로써 만물과 천하와 자신을 쓸모 있게 만든다.

　성인은 무의 힘으로 유를 다스리고 있기 때문에 '유가 있다.'라는 사실은 물론 '무가 있다.'라는 사실도 안다. 기를 모르는 사람은 무를 알 리가 없고, 무를 모르는 사람은 유도 알 수 없다. 무를 모르더라도 유에 관한 지식을 쌓을 수는 있겠지만 유의 존재의미는 알 수 없다.

　利는 수단으로서, 用은 목적으로서 쓸모가 있는 것이다. 유는 성인을 무로 이끌며, 성인은 무로부터 얻는 자아의 깨달음에 근거하여 유의 존재의미를 안다. 그러므로 유와 무는 모두 성인을 위하여 존재한다.

진시황릉 兵馬俑 坑에서 출토된 청동 수레 모형. 바퀴살이 30개이다.

12장

五色令人目盲 五音令人耳聾 五味令人口爽

馳騁田獵令人心發狂 難得之貨令人行妨

是以聖人爲腹不爲目 故去彼取此

오색은 사람의 눈을 멀게 하고, 오음은 사람의 귀를 먹게 하고, 오미는 사람의 입맛을 잃도록 한다. 들판에서 말을 달리며 사냥하는 것은 사람의 마음을 미치게 하며, 얻기 어려운 물건은 사람이 가는 것을 가로막는다. 이 때문에 성인은 배를 채우고 눈을 돌보지 않으니, 그러므로 저것을 버리고 이것을 취한다.

爽(상) 없어지다   馳騁(치빙) 말을 달리다

五色은 靑赤黃白黑, 五音은 宮商角徵羽, 五味는 酸辛甘鹹苦이다. 5는 몸을 상징하는 숫자이다. 사람이 보아야 하는 것은 현이며, 들어야 하는 것은 묘이며, 맛보아야 하는 것은 요이다. 시각, 청각, 미각은 각각 무지, 무욕, 무위와 대응한다. 쾌락을 사랑하면 덕을 상실한다.

馳騁田獵은 귀족의 사교모임으로서 명예를 지시한다. 명예는 정신의 착란을 일으켜서 남들의 평판을 자신으로 착각하도록 한다. 명예를 사랑하면 자아를 상실한다.

難得之貨는 재물이며 行은 도를 실천하는 것이다. 무로 가는 여행에 재물을 꿰차고 갈 수는 없다.

五色, 五音, 五味는 감성, 馳騁田獵은 이성, 難得之貨는 의지에 대응한다. 3장에 덧붙여 말한 것처럼 무욕, 무위, 무지는 각각 감성, 이성, 의지를 부정하는 일이다. 감성적 욕구 셋과 명예, 재물을 합하면 다시 몸을 상징하는 숫자 5가 된다. 욕구에 대한 집착은 현을 질식시킨다.

爲腹은 현의 운동으로 기를 받아들이는 것이다.˚ 한편 눈은 만물을 향하는 능동적인 감각기관으로서 욕구를 대표한다. 그리하여 爲目은 사사로움이다.

3장 實其腹

彼는 멀리 있는 '저것'이며 此는 가까이 있는 '이것'이다. 저것은 그대로 버리고 이것은 그대로 취하는 것이 가장 쉽다. 성인은 저 멀리 만물 속에 있는 사사로움을 버리고 바로 여기 나에게 있는 현을 취한다.˚

7장 非以其無私邪
故能成其私

——— 13장 ———

寵辱若驚 貴大患若身

何謂寵辱若驚 寵爲下 得之若驚 失之若驚 是謂寵辱若驚

何謂貴大患若身 吾所以有大患者 爲吾有身 及吾無身 吾有何患

故貴以身爲天下 若可寄天下 愛以身爲天下 若可託天下

> 왕에게 사랑을 받거나 모욕을 당하면 놀라니, (이는) 큰 병을 몸처럼 귀하게 여기는 것이다. 왕에게 사랑을 받거나 모욕을 당하면 놀란다는 것은 무슨 말인가? 왕의 사랑이 내려오면 그것을 얻어도 놀라고 잃어도 놀란다. 이를 두고 왕에게 사랑을 받거나 모욕을 당하면 놀란다고 하는 것이다. 왜 큰 병을 몸처럼 귀하게 여긴다고 하는가? 나에게 큰 병이 있는 이유는 몸이 있기 때문인데, 나에게 몸이 없다면 무슨 병이 있겠는가? 그러므로 (누구든지) 천하를 자신처럼 귀하게 여긴다면 (그에게) 천하를 맡길 만하고, (누구든지) 천하를 자신처럼 아낀다면 (그에게) 천하를 부탁할 만하다.

寵(총) 은혜   爲 …때문이다(because)   及 만일(if)

若 …하면(so), …처럼(like), 그렇다면(if so)

貴(愛)以a爲b b를 a만큼이나 귀하게 여기다(아끼다)

명예는 남이 나를 알아주는 것이다. 명예를 얻으려면 남의 마음에 들도록 나를 바꾸어야만 한다. 그런데 사람마다 취향이 각양각색인 데다가 그 취향 또한 수시로 변덕을 부린다. 그러니 명예를 원하는 사람은 끊임없이 남들의 눈치를 살피지 않을 수 없다. 이것은 신하가 왕의 눈치를 보는 상황과 흡사하다. 노자는 榮辱이란 단어를 좀 짓궂게 비틀어서 寵辱으로 바꾸어놓았다. 榮은 스승이 백성의 사랑을 누리는 것이고, 寵은 신하가 왕의 사랑을 누리는 것이다. 왕의 사랑을 받는 신하의 처지를 들어서 명예는 스승의 품위에 어울리지 않는다는 사실을 지적한다.

4장 上帝와 象帝, 6장 穀神과 谷神의 경우도 이와 동일한 수법이다. 象帝, 谷神, 寵辱이란 단어들을 보면 자동적으로 上帝, 穀神, 榮辱이 떠오르는데 정작 象帝, 谷神, 寵辱의 뜻은 아리송하기만 하다. 도덕경 이외에는 다른 전거典據도 없다. 노자는 이러한 사정을 잘 알 터인데도 이 특이한 단어들에 대하여 아무런 설명을 하지 않는다. 독자는 자신의 깨달음에 근거하여 上帝, 穀神, 榮辱과 대비되는 象帝, 谷神, 寵辱의 의미를 알며, 이로부터 上帝, 穀神, 榮辱의 정체가 적나라하게 드러난다.

신하가 왕의 사랑을 받으면 그것을 잃을까 봐 전전긍긍한다. 왕의 사랑에는 팔자를 고칠 정도의 높은 지위와 봉록이 따르기 때문이다. 그런데 왕의 사랑을 잃으면 그야말로 대경실색이다. 지위와 봉록을 잃는 것은 물론 본인과 가족의 목숨까지 위태로워지기 때문이다. 그런데 왕은 모든 것을 제멋대로 할 수 있는 최고 권력자이다. 왕이 어제는 기분이 좋다가 오늘 갑자기 화를 내더라도 감히 그 이유를 물어볼 수도 없다. 신하된 자는 왕의 눈치를 보면서 자신과 가족의 목숨을 운명에 맡겨놓는 수밖에 없다.

신하가 이처럼 한심한 지경에 빠진 것은 지위와 봉록에 대한 욕심 때문이다. 아무려면 목숨보다 지위와 봉록이 더 중요할 리는 없다. 그는 목적과 수단을 반대로 착각하고 있다.

이것은 마치 환자가 큰 병을 몸처럼 귀하게 여기는 것과 같다. 大患은 명예욕이다. 큰 병이 들어오고 나갈 때에는 몸보다 병에 더 신경이 쓰이는 것처럼, 명예를 얻거나 잃을 때에는 나 자신이 살고 죽는 것 같은 착각이 일어난다.˹ 그렇지만 먼저 몸이 있기에 병이 들고 낫는 것과 똑같은 이치에서, 먼저 내가 있기에 명예를 얻기도 하고 잃기도 하는 것이다. 육신의 병은 그 경중에 따라 의사가 고쳐줄 수도 있지만 명예욕이라는 마음의 병은 다른 사람이 고쳐줄 수가 없다. 명예욕을 고치려면 본인 스스로 자아를 회복해야만 한다.

貴大患若身의 身은 육신과 현을 동시에 가리키며, 貴(愛)以身爲天下의 身은 현이다. 중의법과 동어이의를 잇달아 활용하면서 현에 초점을 맞춘다. 身에 관하여는 7장을 참조하라.

성인은 자신의 신적인 목숨이 귀중하다는 것을 알기 때문에 천하백성의 목숨이 귀중하다는 것도 안다. 그러므로 도는 성인에게 천하를 맡겨서 백성으로 하여금 목숨을 회복하도록 한다.

성인은 자신의 귀중한 목숨을 잃지 않기 위하여 명예에 결

12장 馳騁田獵令人心發狂

코 굴복하지 않는다. 성인은 목숨을 잃지 않는 방법을 잘 알고 있으므로 도는 그에게 천하의 앞날을 부탁하여 백성으로 하여금 명예에 굴복하지 않고 목숨을 완성하도록 한다.

14장

視之不見 名曰夷 聽之不聞 名曰希 搏之不得 名曰微

此三者不可致詰 故混而爲一

其上不曒 其下不昧 繩繩不可名 復歸於無物

是謂無狀之狀 無物之狀 是謂恍惚

迎之不見其首 隨之不見其後

執古之道 以御今之有 能知古始 是謂道紀

(성인이 도를) 보아도 보이지 않으니 '밋밋한 것'이라 하고, 들어도 들리지 않으니 '드문 것'이라 하고, 붙잡아도 잡히지 않으니 '미소한 것'이라 한다. 이 셋은 끄집어 밝혀낼 수 없으므로 섞이어 하나이다. 그 위가 밝은 것도 아니요 그 아래가 어두운 것도 아니어서, 새끼줄처럼 끝없이 이어져 이름을 지을 수 없으니 다시 만물이 아닌 것으로 돌아간다. 이것을 상(狀) 없는 상(狀)이요 만물이 없는 상(狀)이라고 하며, 이것을 황홀이라고 한다. 그것을 마주 받아들여도 그 머리가 보이지 않고, 그것을 따라가도 그 꼬리가 보이지 않는다. 옛 도를 잡고 현재의 유를 몰아가면 옛 처음을 알 수 있으니, 이를 도의 실마리라고 한다.

搏(박) 붙잡다   詰(힐) 따지다   曒(교) 밝다

御(어) 말을 몰다   紀(기) 실마리

夷, 希, 微는 각각 현, 묘, 요를 묘사한다. 視는 성인이 능동적으로 도를 향하는 것이요, 聽은 성인이 수동적으로 도를 받

아들이는 것이요, 搏은 성인과 도가 서로 엉겨 붙는 것이다. 각각 무지, 무욕, 무위의 활동이다. 도는 성인에게 자신을 드러내고, 말을 건네고, 늘 그와 함께 있건만 성인의 능력으로는 도를 보고, 도의 목소리를 듣고, 도를 붙잡을 수가 없다. 성인은 도를 알려고 애를 쓰는데 도를 알 수는 없고, 도가 알려주는 자신을 자각할 수 있을 뿐이다. 도는 끝끝내 무로 남아있다.

현과 묘와 요는 도가 성인에게 드러나면서 그를 압도하는 사건인데, 그는 이 셋을 따로 구별하여 정체를 밝힐 수 없다. 한 가지 사건에는 불가피하게 다른 두 가지 사건이 공존하므로 섞이어 하나라고 할 수밖에 없다. 성인이 목격하는 '하나'는 기이다.

10장 載營魄抱一

성인은 기에 의해 속속들이 침투되어 있어서 기의 안팎을 구별하여 밝힐 수 없다. 夷, 希, 微의 세 가닥으로 이루어진 繩繩의 새끼줄은 기에 의하여 성인과 뒤섞여 있으므로 가닥을 따로 분리할 수 없고 그 정체를 밝혀서 드러낼 수도 없다. 이때 성인은 완전한 만족과 자유를 누리면서 자신의 고향인 무로 돌아와 있음을 깨닫는다. 無物은 무이다. 무는 유를 통하여 성인을 낳았는데 이제 그를 다시 유로부터 무로 불러들이고 있다.

4장 湛兮似或存

無狀之狀은 지각할 수는 없지만 분명히 무슨 사건이 일어난 것이며 無物之狀은 무의 사건이란 뜻이다. 성인이 기를 통하여 도와 교감하고 있는 상황을 각각 유와 무의 관점에서 말한 것이다.

恍은 큰 존재가 갑자기 덮쳐오는 것이다. 기는 성인을 압도하는 힘으로 다가오기 때문에 성인은 그 크기를 가늠하는 것이 불가능하다. 惚은 큰 존재가 갑자기 작아지면서 사라지는 것이다. 성인이 기를 자세히 살펴보려고 하니 그것은 자아의 깊은 내면에 숨어서 활동하고 있을 뿐이다. 성인은 이래저래 기를 지각知覺할 수가 없다.

首와 後는 과거와 미래를 가리킨다. 도는 시간을 초월하여 늘 성인과 일치하여 활동하는데 성인이 도를 잡으려고 하면 달아나고, 피하려고 하면 휘감아 온다. 성인은 도와 어우러져서 내가 도인지, 도가 나인지 구별할 수도 없다. 처음에 성인이 자신의 방식대로 도를 보고, 듣고, 붙잡으려고 하였을 때에는 허공을 휘두르는 것 같았는데, 모든 노력을 포기하고 나니 도가 성인을 휘감아 오며 빠져나갈 수 없게 만든다. 성인이 도와 씨름을 벌이며 힘겨루기를 하는 중에 어느덧 둘 사이에 기가 통하면서 서로 얼싸안고 사랑의 춤을 추고 있다.

古之道는 今之有와 대칭을 이룬다. 古와 今은 각각 무의 사건과 유의 사건을 가리키는 상징어이다. 성인은 도를 고삐로 쥐고 삶의 현실을 말처럼 부린다, 즉, 만물이 제풀로 변화하도록 하면서˙ 현의 운동으로 그것을 통합한다.

2장 萬物作焉而不辭

현은 古之道에서 나왔으되 天地之始˙보다는 앞서므로 古始라고 하였다. 성인은 기의 힘으로 삶의 현실을 성공적으로 제어함으로써 자신이 도의 아들임을 증명한다. 현은 밋밋하게

1장 無名天地之始

밖에 보이지 않지만 성인이 이루는 공로를 통하여 그 존재가
분명하게 드러난다."

6장 綿綿若存 用之不勤

　도는 무이므로 천하백성으로서는 처음에 도대체 어디에서
부터 도를 시작해야 할지 알 수가 없다. 그런데 유를 완전하게
다스리고 있는 바로 '이 사람'이 도의 실마리道紀이다. 성인을
통하여 도가 세상에 드러나 있으므로 누구든지 원하는 사람은
도를 알 수 있다.

15장

古之善爲士者 微妙玄通 深不可識

夫唯不可識 故强爲之容

豫兮若冬涉川 猶兮若畏四隣 儼兮其若客

渙兮若氷之將釋 敦兮其若樸 曠兮其若谷 混兮其若濁

孰能濁以靜之徐淸 孰能安以動之徐生

保此道者不欲盈 夫唯不盈 故能敝而不新成

> 옛날에 선비노릇을 잘 하던 사람은 매우 작고, 아득하고, 어둡고, 훤하게 뚫려서 (요즈음 선비들은) 그 깊이를 알 수 없다고 한다. (그들은) 그저 알 수 없다고만 하므로 억지로 그 모습을 그려보면, 조심스럽기가 겨울에 냇물을 건너는 것 같고, 머뭇거리는 것이 사방의 (적을) 두려워하는 것 같고, 신중하기가 손님 같고, (의심이 부드럽게) 녹는 것이 얼음이 풀리려는 것 같고, (도와 우정이) 도타운 것이 통나무와 같고, (애민치국의 지혜가) 탁 트인 것이 골짜기와 같고, (천하백성과) 뒤섞인 것이 흙탕물과 같다. 누가 탁함으로써 그들을 고요하게 가라앉혀 천천히 맑게 할 수 있을까? 누가 편안함으로써 그들을 움직여 천천히 살아나게 할 수 있을까? 이 도를 간직한 사람은 채우려 하지 않으니, 결코 채우려 하지 않으므로 능히 (사람이) 낡았어도 새롭게 하지 않고 완성한다.

識(지) 알다   樸(박) 통나무   敝(폐) 낡다

14장 執古之道/古始   古之善爲士者`는 참된 선비인 성인이다. 微妙玄通은 각각

요, 묘, 현, 기의 모습이다. 앞 14장을 참조하라. 지혜를 자랑하는 선비들이‸ 성인을 보면 너무 깊어서 아무것도 알 수 없을 것이다. 학문의 관점에서 바라보는 무는 죽음의 심연深淵과도 같다. 그들은 도를 실천하지는 않고 고집스럽게 성인을 모르겠다고만 한다. 노자는 억지로라도 그들의 관심을 끌기 위하여 성인의 일곱 가지 풍모를 제시한다. 8장에처럼 7은 도의 경륜을 나타낸다. 强은 비유로 말하겠다는 뜻이다.

3장 夫智者

豫兮若冬涉川 도는 죽음에서 생명으로 건너가는 일이다. 성인은 사사로움의 유혹에 미끄러지거나 빠지지 않도록 조심한다.‸

12장 難得之貨令人行妨

猶兮若畏四隣 사람의 지혜는 매우 교활하여 생명과 죽음, 참과 거짓을 혼동시킨다. 성인은 무지무욕으로 도의 지혜를 구하면서 머뭇거리듯 참된 생명의 길을 더듬어간다.‸

10장 明白四達

儼兮其若客 성인은 자신이 이 세상을 지나가는 나그네임을 알고 명예와 권력을 쫓는 선비들의 대열에 휩쓸리지 않는다.‸

9장 功遂身退

渙兮若氷之將釋 성인은 기를 풍성하게 받아들이면서 도에 대한 의심을 풀고 있다.‸ 도는 확실히 사는 길이고 도 이외에 다른 길은 없다.

10장 天門開闔

敦兮其若樸 樸은 뿌리와 가지를 잘라낸 통나무로서 재물과 명예에 초연한 성인의 소박한 모습을 상징한다. 성인은 도에

뿌리를 내리는 천지이며˘ 도와 협력하여 애민치국을 수행하는 도의 영예로운 친구이다.

6장 玄牝之門
是謂天地根

曠兮其若谷 성인은 넘쳐흐르는 생명의 지혜˘로 모든 것을 다스리며 모든 사람을 사랑한다.

6장 谷神不死

混兮其若濁 천하는 마치 흙탕물과 같은 생존경쟁의 각축장이다. 성인은 사랑의 충동에 떠밀려 혼탁한 천하로 나아가 백성과 뒤섞여 생활하면서 그들이 겪는 애환에 동참한다.

사사로움은 죽음의 길이지만 처음에 사사로움을 버리는 것은 두렵고도 혐오스럽다. 그러므로 성인은 천하백성의 마음을 가라앉혀서 사사로움이 헛되다는 사실을 직시하도록 한다.

성인은 백성에 앞서 사사로움과 꾀의 유혹을 이겨냈으므로 그들이 겪는 의심과 혼란을 이해하고 위로하는 한편 희망으로 격려한다. 백성이 도에서 오는 신적인 생명에 맛을 들이고 나면 성인이 굳이 가르치지 않아도 알아서 도를 실천한다. 이리하여 새로운 성인들이 탄생한다.

濁 → 靜 → 淸 → 安 → 動 → 生의 순서로 성인이 백성을 이끌고 도를 향하여 올라가는 상향운동을 나타낸다. 성인은 천하의 낮은 곳으로 내려가˘ 백성을 위한 도의 실마리˘가 된다. 성인은 백성을 강요하지 않으므로 모든 일은 '천천히(徐)' 이루어진다.

8장 處衆人之所惡
14장 道紀

노자는 '누가 이런 일을 할 수 있을까?'라고 묻는다. 답은 물론 성인이지만, 세상의 스승들은 이런 일을 할 수 없다는 것을 간접적으로 지적한다. 그들은 백성으로 하여금 하루가 급하게 자신의 가르침을 따르도록 간섭하고 독려하며 무능한 자는 포기하고 불복하는 자는 징치한다. 스승과 백성이 다 함께 생존경쟁의 각축장에 뛰어들어 만물을 휘저으며 인생을 낭비할 뿐이다.

성인은 사사로움과 꾀의 유혹을 이겨내면서 도를 펼치고 있다. 此道는 성인과 백성이 사람을 살리는 '이' 도를 공유하고 있음을 나타낸다.'

12장 去彼取此

盈은 욕구를 가리키며, 不欲盈은 학문에 의지하지 않는다는 뜻이다.' 스승이 학문에 굴복하면 자타공멸이다. 夫唯不可識와 夫唯不盈이 대구를 이루어, 세상의 선비들이 학문을 철석같이 믿고 한사코 도를 실천하지 않는 것과 성인이 학문에 굴복하지 않고 오직 도를 실천하는 것을 극명하게 대비한다. 도와 학문은 결코 양립할 수 없다.

4장 用之或不盈
9장 持而盈之 不如其已

敝는 지혜와 능력이 다하여 궁지에 몰린 것이다. 그런데 바로 여기에서 도를 사랑하는 마음이 싹트기 쉽다. 그러므로 성인은 낡은 사람을 새사람으로 바꾸지 않고 바로 그 낡은 상태에서 도를 실천하기를 권유하며, 바로 이 때문에 사람을 살리는 공로를 이룬다.

　　세상의 스승들은 낡은 사람에게 새로운 지혜를 가르쳐서 새 사람을 만든 다음 다시 경쟁에 뛰어들도록 한다. 백성은 새로운 지혜를 배우기 위해 새로운 스승에게 새로운 수업료를 부담해야만 한다. 가뜩이나 삶에 지친 사람에게 계속 비용과 노력을 투자하라고 요구하는 것은 무거운 짐을 지고 허덕이는 사람의 등에 새로운 짐을 얹는 것과도 같다. 그들의 관심사는 백성의 행복이 아니라 교육 사업에서 굴러 들어오는 재물과 명예이다.

---16장---

致虛極 守靜篤 萬物竝作 吾以觀復

夫物芸芸 各復歸其根 歸根曰靜 是謂復命

復命曰常 知常曰明 不知常 妄作凶

知常容 容乃公 公乃王 王乃天 天乃道 道乃久 沒身不殆

비움을 끝까지 밀고 나가 고요함을 굳건하게 지키면 만물이 한꺼번에 꾸려지는데, 나는 이로써 돌아옴을 본다. 바야흐로 만물이 무성하게 자라 하나하나 그 뿌리로 돌아간다. 뿌리로 돌아가면 고요하니 이것을 복명이라고 한다. 복명이면 상이고 상을 알면 밝다. 상을 모르면 함부로 흉한 일을 만든다. 상을 알면 포용하고, 포용하면 모두 함께 나누고, 모두 함께 나누면 왕이고, 왕이면 하늘이고, 하늘이면 도이고, 도는 늙지 않으니, 몸이 꺼지더라도 위태롭지 않다.

篤(독) 굳건하다   竝(병) 나란히   妄(망) 망령되다   沒(몰) 빠지다
殆(태) 위태하다   芸芸(운운) 풀이 무성하게 자라는 모습

만물을 따라 방황하던 마음을 가라앉힘으로써 기를 받아들이고, 기의 힘으로 만물이 일제히 살아난다. 觀復은 도에 대한 의심이 해소되는 사건이다. 성인은 자신의 집인 도에 돌아와 도의 활동을 전폭적으로 받아들인다.

15장 渙兮若氷之將釋
14장 復歸於無物

성인이 맞닥뜨리는 삶의 현실 하나하나가 모두 풍성한 의미

를 지니며 다가온다. 마치 시들어 있던 풀들이 기운차게 소생하는 것과도 같다. 歸根은 만물이 도에 뿌리를 내리는 것이다. 만물은 성인으로 말미암아 존재가치를 회복한다. 이 세상의 행복과 불행은 도에 대한 성인의 믿음을 흔들지 못한다. 성인이 고요함을 지킴에 따라 만물도 고요함을 회복하고 있다.

復命은 도의 명령을 따르는 것이다. 성인이 기를 통하여 만물과 어우러지고 있는 것은 성인이 도의 명령을 따르고 있음을 확증한다. 성인이 누리는 평화는 만물에서가 아니라 무에서 왔기 때문이다. 만물은 지금까지 도의 명령에 따라 성인을 기다려 왔던 것이다.

常은 성인의 고유한 삶으로 드러나고 있는 도이다. 말하자면, 성인은 '늘' 도의 명령에 따라 모든 사람을 사랑한다. 성인의 사랑은 도의 지혜로 말미암은 것이다.

성인의 자아는 현과 常의 양면을 지닌다. 현은 무를 사랑하는 자아이며 常은 유를 다스리는 자아이다. 常은 현에서 비롯하므로 유와의 관계에서 정의하는 것은 불가능하고, 따라서 학문의 대상이 될 수 없다. 성인에게 있어서 '나는 나다.' 예를 들어, '필자는 어떠어떠한 사람이다.'라는 명제는 성립하지만 '나는 어떠어떠한 사람이다.'라는 명제는 성립하지 않는다. '나'는 사람이라는 개념과 다른 사람들과의 차별성에서 도출되는 것이 아니라 오직 무에서 비롯하기 때문이다.

常을 모르는 사람은 사사로움을 주고받는 것을 사랑으로 착각한다. 그는 사람이 아닌 사사로움을 사랑하므로 선한 사람은 사랑하고 악한 사람은 미워한다. 사사로움을 사랑하는 거짓 자아는 육신의 죽음과 함께 허무하게 사라진다. 凶은 영원한 죽음, 곧 자아의 소멸이다.

容은 미와 추, 선과 악을 포용하는 것이다. 성인은 사사로움이 없기 때문에 모든 사람과 모든 것을 포용할 수 있다. 公은 보따리[厶]를 여는 모습[八]을 나타낸 글자로서 사사로움[私]과 대비된다. 도는 누구에게나 열려있는 보편적인 진리이다.

그리하여 성인은 천하백성을 살리는 王이다. 세상의 왕은 사사로움을 위하여 백성의 희생을 요구하며 자신에게 복종하는 사람의 목숨을 살려준다. 육신의 생명을 죽이지 않으면서 생색을 내는 왕과 아무 대가도 바라지 않고 신적인 생명을 살리는 왕, 누가 참된 왕인지는 자명하다.

왕은 도와 뜻이 통하는 하늘이다. 성인이 희생을 무릅쓰면서 왕 노릇을 할 수 있는 것은 도에게서 끊임없이 지혜를 받아들이고 있기 때문이다. 도의 지혜를 받아들이는 사람은 도의 아들이고, 도의 아들은 도이다. 개의 아들은 개이고 사람의 아들은 사람인 것처럼. 도의 아들은 생명과 지혜가 거듭 새로워지며 나이를 먹고 육신이 늙더라도 지치지 않는다.➤ 그는 육신이 죽더라도 도와 더불어 살아있을 것이다.

6장 用之不勤

曰은 동치同值의 관계를 연결한다. 예를 들어 復命曰常은 '復命을 다르게 말하면 常이다.'라는 정도의 의미이다. 이에 비하여 乃는 선후의 사건을 연결한다. 容乃公 公乃王 王乃天 天乃道 道乃久는 '容을 실천해야만 公이며, 公을 실천해야만 王이며…' 정도의 의미로서 사랑의 지혜가 완성되어가는 모습을 나타낸다.

━━━━━ 17장 ━━━━━

太上下知有之 其次親而譽之 其次畏之 其次侮之
信不足焉 有不信焉 悠兮其貴言
功成事遂 百姓皆謂我自然

가장 좋은 (스승의) 경우는 백성이 (그가) 있다는 것을 안다. 그 다음은 (백성이) 그를 가까이하며 칭송하고, 그 다음은 그를 두려워하고, 그 다음은 그를 깔본다. (스승에게 도에 대한) 믿음이 모자라니 (백성을) 믿지 않는다. 참으로 멀리 바라보는구나, 그 귀한 말이여! (백성이) 공을 이루고 (스승이) 일을 마치면, 백성은 모두 내가 스스로 산다고 말한다.

悠(유) 멀다

　도는 무위의 삶을 통하여 반드시 세상에 드러나므로 천하 백성은 성인이 있다는 사실을 안다. 성인은 쾌락, 재물, 명예, 권력에 초연하며 아무 대가를 바라지 않고 모든 사람을 사랑한다. 그러나 성인은 백성을 간섭하거나, 강요하거나, 도를 가르치는 대가로 돈을 받지는 않는다. 성인은 최상의 완전한 스승이다.

　명예를 좋아하는 스승은 백성에게 윤리규범을 적용하여 선인을 칭찬하고 악인을 비난한다. 백성은 스승에게 선인으로 인정받기 위하여 재물과 칭송을 바친다. 스승과 백성은 서로

13장 寵辱若驚
칭찬을 주고받으면서 자아를 상실한다.[·]

권력을 좋아하는 스승은 물리적 힘과 권위를 배경으로 삼아 백성에게 법과 규정을 강요한다. 두 번째 등급은 백성을 말로 구슬리기만 하는데 이번에는 백성을 짐승으로 취급하므로 그보다 더 아래의 등급이다.

네 번째 등급은 노골적으로 돈을 밝히는 스승이다. 도가 출세의 수단이라는 것을 공언하고 수업료를 단단히 받는 경우이다. 백성은 조금이라도 더 배우기 위해 스승에게 복종하면서도 속으로는 그를 경멸한다.

信不足焉 有不信焉에서 앞의 信은 도에 대한 믿음이고 뒤의 信은 백성에 대한 믿음이다. 거짓 스승의 도는 명예, 권력, 재물을 취하기 위한 도구일 뿐이다. 그는 도가 아닌 사사로움을 믿기 때문에 사람을 믿지 않는다. 스승도 믿지 않는 도를 백성이 믿을 리가 만무하다.

그러므로 성인은 명예, 권력, 재물에 대한 욕심이 일어날 때에 도에 대한 믿음이 모자라다는 것을 스스로 인정하고 무지무욕으로 믿음을 강화한다.[·] 도와 스승의 믿음은 스승과 백성의 믿음으로 표출된다.

10장 愛民治國能無知乎

功成事遂는 9장 功遂身退와 호응한다. 事는 愛民治國이다. 백성은 성인이 되어 스스로 독립함으로써 공로를 이루며 스승은 이로써 애민치국을 완수한다.

　　百姓은 '성인들'[*]이며 自然은 타인에게 의존하지 않는 신적　10장 國
인 자유이다. 성인들은 홀로 살아있는 신이므로 서로 가르치
고 배우기는 하겠지만[*] 서로에게 의존하지는 않는다.　　　　　2장 前後相隨

——— 18장 ———

大道廢 有仁義 智慧出 有大僞 六親不和 有孝慈 國家昏亂 有忠臣

> 큰 도가 없어지니 인의가 있고, 지혜가 나오니 큰 거짓이 있다. 육친이
> 화목하지 않으니 효와 자가 있고, 국가가 혼란하니 충신이 있다.

昏(혼) 어둡다

스승이 도를 벗어나면 仁義라는 윤리를 개발한다. 仁은 상
대방을 너그럽게 대하라는 규범이며, 義는 서로의 몫을 분명
하게 하자는 규범이다. 두 윤리규범은 분명히 서로 충돌하는
데도 거짓 스승은 교묘한 언사로 그것들을 하나의 이론체계로
엮어서 권력자에게 봉사한다. 그리하여 의로운 선비는 자신을
너그럽게 대우하는 주인을 위해 목숨을 바쳐야 한다.

智는 인을 연구하는 고상한 지혜이며, 慧는 의를 연구하는
저급한 지혜이다. 요즘 말로 이상과 현실, 인문과학과 사회과
학에 해당한다. 세상의 스승들은 단순히 인의를 말하는 것이
아니라 인과 의에 대하여 다양하고도 복잡한 이론을 개발한
다. 그런데 인과 의는 근본적으로 화합할 수가 없으므로 그 복
잡한 학설들은 모두 큰 거짓이다. 大道는 단순한데 大僞는 복
잡하기 이를 데 없다.

六親은 부모, 형제, 처자이다. 가족의 유대는 동물적 본능에 속한다. 자녀들이 나이가 들면 각자의 짝을 찾아 분가하는데 여기에는 재산 문제가 수반된다. 한 가족에서 남남으로 변한다고 생각하여 안면몰수 하는 경우에 육친의 불화가 일어난다. 가족의 불화는 혈연적 유대가 물질적 이해관계로 바뀌면서 필연적으로 나타나는 현상이다.

孝慈는 仁義를 반대의 순서로 뒤집어서 가족관계에 적용한 것이다. 이번에는 노골적으로 약자의 의무를 더 강조하여 먼저 아랫사람이 웃어른에게 복종하기를 요구한다. 孝慈는 가장의 권위로 가족의 불화를 잠시 억누르는 수단에 불과하다. 재산 분배에 대한 불만이 폭발하여 육친 간에 폭언, 폭력을 교환하는 경우가 흔하며 심지어는 소송, 살인 등의 큰 사건이 일어나기도 한다.

國家는 왕, 귀족, 관료, 평민, 노비 등 상호 충돌하는 계급들로 이루어져 있으면서도 하나의 가족으로 간주된다. 규모와 복잡성의 차이가 있을 뿐 현대의 국가도 비슷한 시스템으로 운영된다. 그러나 계급, 계층 간의 갈등으로 인하여 국가에는 범죄와 반란이 발생하기 마련이다. 昏亂은 지혜의 눈이 가려서 갈팡질팡하는 것이다.

유능한 신하는 백성의 불만과 다툼을 무마할 수 있는 능력도 있지만 왕의 권력을 넘보는 능력도 있다. 그러므로 왕은 신하에게 忠臣이라는 윤리를 요구한다. 忠은 왕의 마음을 헤아 ³장 不尙賢 使民不爭

리는 것이며 臣은 왕에게 복종하는 것이다. 仁義와 孝慈는 불평등하기는 해도 아랫사람과 윗사람의 호혜적 의무인데 忠臣은 일방적으로 아랫사람의 의무만을 강조한다. 忠臣은 왕의 눈치를 보느라 백성의 구구한 사정을 살필 겨를이 없다.

忠臣은 성인이 실천하는 忠信과 대비된다. 忠信의 忠은 자신에게 충실한 것이며, 信은 백성에게 믿음직스러운 것이다. 도와 성인의 신뢰관계는 성인과 백성의 신뢰관계로 표출된다.

17장 信不足焉 有不信焉

성인은 위로는 도를 공경하며 아래로는 천하백성을 사랑한다. 이것이 성인의 孝慈이다, 성인은 스스로 도의 아들임을 깨닫고 그토록 귀중한 자신을 낳아준 부모를 무조건 공경할 수밖에 없다. 또한 아무 친분도 없는 사람을 사랑하는 성인이라면 가족을 더 사랑하는 것이 너무나 당연하다. 이로써 윤리적인 孝慈는 넘치도록 완성된다. 나아가 성인은 언제 어디서나 모든 사람에게 모든 것을 베푼다. 이로써 仁義 또한 완성된다. 大道는 모든 윤리규범을 완성하는 완전한 智慧이다.

19장

絶聖棄智 民利百倍 絶仁棄義 民復孝慈 絶巧棄利 盜賊無有
此三者以爲文不足 故令有所屬 見素抱樸 少私寡欲

> 거룩함을 끊고 지혜를 버리면 백성의 이익은 백배가 되며, 인을 끊고 의
> 를 버리면 백성이 효와 자를 회복하며, 재주를 끊고 날카로움을 버리면
> 도적이 사라진다. 이 세 가지로 꾸밈이 부족하다고 여겨지면, (백성으로
> 하여금 그들이) 속하는 바를 갖도록 한다. 흰옷을 입은 아름드리 통나무
> 라면 사사로움이 적고 원하는 것도 적을 것이다.

巧(교) 공교하다   文(문) 무늬   寡(과) 적다

聖은 도를 가르치는 스승이며 智는 학문을 가르치는 스승
이다. 도는 사람에게 신적인 자아의 깨달음을 줄 뿐만 아니라
자아가 성장하고 완성되기까지 모든 도움도 준다. 그러므로
백성은 스승을 버려야만 도의 전폭적인 도움을 받을 수 있다.
스승이 성인이라도 마찬가지이다. 百은 10×10으로서 사람과
도의 결합을 지시한다. 10은 완전함을 상징한다. 오직 도만이
사람을 지혜롭게 만드는 스승이며, 성인은 사람들에게 도를
증언하는 스승일 뿐이다.

仁義는 모든 윤리규범의 첫머리를 차지한다. 백성이 윤리 18장 大道廢 有仁義
규범을 버려야만 자연의 본성에 따라 孝慈를 회복하여, 위로

는 도를 공경하고 아래로는 천하백성을 사랑한다. 이에 따라 윤리적인 孝慈와 仁義는 넘치도록 완성된다.

巧利는 속임수로 백성을 착취하는 것이다. 세상의 거짓 스승들은 교묘한 언사로 서로 모순되는 규범들을 학문으로 엮어서 권력자의 이익을 위해 봉사한다. 그들은 백성을 갈취하는 동시에 도에서 떨어뜨리므로 백성의 재물과 목숨을 아울러 빼앗는 盜賊이다.

도는 완전한 스승이건만 백성은 오랜 습관에 따라 눈에 보이는 스승을 원한다. 부엌살림에 서툰 아낙네가 그릇보다 그릇의 문양에 더 신경을 쓰는 꼴이다. 所屬은 스승을 가리킨다. 屬은 남에게 종속되는 것으로 도에는 매우 좋지 않은 습관이다. 그래서 조금이라도 자율적인 분위기를 살려서 '스승을 갖도록 한다.' 도에 익숙해지면 스승이 귀찮아져서 버리지 않을 수 없을 것이다.

10장 明白四達

15장 敦兮其若樸

見素抱樸의 見素는 도의 완전한 지혜˅, 抱는 백성의 친구, 樸은 도의 친구˅를 나타낸다. 백성에게는 썩 괜찮은 스승이 아닐 수 없다. 1장 無欲, 7장 無私와는 좀 색다르게 少私寡欲이라고 함으로써 성인도 여느 사람과 똑같이 욕구가 있으며, 따라서 사사로움의 유혹을 받고 있다는 것을 슬며시 드러낸다. 백성과 비슷한 처지에 있는 스승이라면 누구든지 편한 마음으로 다가갈 수 있을 것이다. 성인에게는 사사로움이 없으므로 수업료는 준비하지 않아도 좋겠다.

20장

絶學無憂

唯之與阿 相去幾何 善之與惡 相去何若

人之所畏 不可不畏 荒兮其未央哉

衆人熙熙 如亨太牢 如春登臺

我獨泊兮其未兆 如嬰兒之未孩 儽儽兮若無所歸

衆人皆有餘而我獨若遺 我愚人之心也哉

沌沌兮 俗人昭昭 我獨昏昏 俗人察察 我獨悶悶

澹兮其若海 飂兮若無止

衆人皆有以而我獨頑似鄙 我獨異於人而貴食母

학문을 버리니 근심이 없네.

'으응'과 '윽'이 서로 얼마나 멀며

선과 악이 서로 멀다지만 실상은 어떤가?

남들이 두려워하는 것을 두려워하지 않으면 안 된다고 하니

쓸쓸하구나, 그 빛나감이여.

사람들이 기뻐하는 모습은

기름진 제물로 제사 지내는 듯

봄날 누대에 오른 듯한데

나 홀로 포구에 머물러 기미조차 없으니

버려진 어린아이가 웃지 않는 것과 같고

나른히 돌아갈 곳도 없는 듯하다.

사람들은 넉넉한데 나 홀로 외톨이이니

나 어리석은 자의 마음이여!

휘도는 내 마음이여

세상 사람들은 양지바른데 나는 홀로 어두우며

세상 사람들은 엽렵한데 나 홀로 안간힘쓰네.

크게 일렁이는 바다와도 같고

드높이 부는 바람처럼 멈추지도 않는다.

사람들은 다 쓸모 있으되 나만이 고집스레 하찮다.

나 홀로 그들과 달라 젖 빠는 일만 바치노라.

央(앙) 과녁　泊(박) 정박하다　儽(래) 나른하다　沌(돈) 감돌다

澹(담) 움직이다　飂(류) 바람　太牢(태뢰) 제물로 바치는 소

唯之與阿 쾌감과 불쾌감을 나타내는 의성어로서 미와 추를 가리킨다.

人之所畏 사사로움을 버림으로써 경쟁에서 탈락하는 것

5장 不如守中 未央 '나'를 벗어남〵

8장 處衆人之所惡 衆人 학문의 집단적 속성〵

4장 象帝 太牢 학문의 미신적 속성〵

18장 忠臣 登臺 학문의 권력 지향성〵

儽儽 지치고 황망한 모습

沌沌 현의 운동이 시작되는 모습

昭昭 유를 연구하는 모습

昏昏 무를 탐색하는 모습

察察 남을 살피는 모습

悶悶 자신과 싸워 이기는 모습

食母 기를 받아들이는 일

이 시에는 獨이 여섯 번 나오는데 여기에 보이지 않는 도를 더하면 7이 된다. 성인은 도와 함께 일하므로 외롭지 않다. 또한 荒兮, 泊兮, 儽儽兮, 沌沌兮, 澹兮, 飂兮 등 여섯 개의 감탄사로 국면이 전환되는데 여기에 보이지 않는 기를 더하면 다시 7이 된다. 성인은 기를 받아들이면서 거듭 새로운 깨달음을 얻을 때마다 스스로 감탄을 금치 못한다. 8장과 15장에서처럼 7은 도의 경륜을 상징한다.

—————— 21장 ——————

孔德之容 惟道是從 道之爲物 惟恍惟惚

惚兮恍兮 其中有象 恍兮惚兮 其中有物

窈兮冥兮 其中有精 其精甚眞 其中有信

自古及今 其名不去 以閱衆甫 吾何以知衆甫之狀哉 以此

공덕의 모습을 (보면) 오직 도만을 따른다. 도의 됨됨이는 그저 가물가물하다. 그 가물가물한 가운데에 상이 있고, 그 가물가물한 가운데에 만물이 있다. 깊고 어두운 가운데에 씨앗이 있으니, 그 씨앗은 매우 참되며, 그 가운데에 믿음이 있다. 예로부터 지금까지 그 이름이 사라지지 않고 수많은 멋쟁이를 사열하고 있으니, 내가 수많은 멋쟁이의 진면목을 어떻게 아는가 하면, (바로) 이것에 의해서이다.

孔(공) 구멍　　窈(요) 깊다　　冥(명) 어둡다

閱(열) 사열하다　　甫(보) 멋쟁이

孔德은 무욕의 별칭이다. 도에서 오는 자아의 깨달음에 압
10장 天門開闔　도된 성인은˘ 아무것도 없는 텅 빈 구멍처럼 모든 것을 잊고
오직 도를 따라간다.

道之爲物의 物은 도가 분명히 존재한다는 뜻이다. 도는 무임에도 불구하고 성인은 오직 도를 따라가면서 도의 활동을 목격하고 있으므로 도가 존재한다는 것을 조금도 의심할 수

없다. 도의 모습은 그저 恍惚이라고 할 수밖에 없다.』 惟恍과　14장 是謂恍惚

惟惚은 각각 이성과 감각이 미치지 못하는 것이다.

惚兮恍兮는 갑자기 사라졌다가 갑자기 덮쳐오는 것이다. 먼 저 감각이 실패하고 나중에 이성이 실패한 상황이다. 그러나 성인은 도가 자신을 통하여 낳고 있는 象은 알 수 있다.』 中은　4장 象帝之先 도가 성인에게 전적인 관심을 기울이고 있음을 나타낸다. 성 인이 아니라면 象도 있을 수 없다. 이리하여 성인은 도를 믿고 무위를 실천한다.

恍兮惚兮는 위와 반대로 먼저 이성이 실패하고 나중에 감 각이 실패한 것이다. 그러나 성인은 도의 지혜에 힘입어 만물 을 하나도 빠짐없이 다스리고 있다.』 여기에서도 中은 도가 만　16장 夫物芸芸 물을 통하여 성인에게 전적인 관심을 기울이고 있음을 나타낸　各復歸其根 다. 그리하여 성인은 만물에 집착하지 않고 오직 도를 사랑하 기로 결심한다.

성인은 직접 도를 만나기 위해 만물을 떨쳐버리고 무 안으 로 깊숙이 들어간다. 말하자면, 연애편지를 버려두고 서둘러 서 애인을 찾아가는 형국이다. 窈兮冥兮는 도와 은밀한 사랑 을 나누는 기쁨이다. 精은 현의 별칭으로서 살아있는 생명체 임을 강조한다. 성인은 도의 품에 잠겨서 스스로 불사의 존재 임을 깨닫는다. 다시 中은 도의 관심 어린 보살핌을 나타낸다.

甚眞은 기가 속속들이 침투하여 안팎이 일치하는 것이다.

精을 품고 있는 성인은 기를 통하여 도와 속속들이 일치하고 있으므로 속마음과 생각, 생각과 말, 말과 행동 또한 속속들이 일치한다. 信은 도와 성인의 믿음이다. 中은 성인을 통하여 도와 천하백성이 서로 믿음을 회복하고 있음을 나타낸다.˘

5장 多言數窮 不如守中

自古及今은 무지무욕과 무위를 나타낸다.˘ 其名不去의 其名은 精을 품은 성인이며, 不去는 죽지 않는다는 뜻이다. 성인은 천하를 다스리는 능력을 발휘함으로써 스스로 불사의 존재임을 재차 깨닫는다.˘

14장 執古之道
以御今之有

2장 夫唯不居 是以不去

以閱衆甫의 閱은 군대를 사열하는 것이며, 衆甫는 성인들을 늠름한 장군에 비유한 것이다. 성인은 자신에 앞서 다른 성인들이 벌써부터 애민치국을 수행하고 있는 모습을 발견하고 천군만마를 사열하는 것처럼 마음이 든든하다.

衆甫之狀은 성인들이 일으키고 있는 현의 운동을 지시한다.˘ 겉보기와 달리 성인들의 실제 모습은 너무나 멋지다. 성인은 스스로 애민치국의 대열에 참여하고 나서야 비로소 다른 성인들이 굉장한 멋쟁이라는 것을 알게 되었다.

14장 無狀之狀 無物之狀

22장

曲則全 枉則直

窪則盈 敝則新 少則得 多則惑

是以聖人抱一爲天下式

不自見故明 不自是故彰 不自伐故有功 不自矜故長

夫惟不爭 故天下莫能與之爭

古之所謂曲則全者 豈虛言哉 誠全而歸之

굽으면 완전하고 굽히면 뻣뻣하다. 움푹하면 채우고, 낡으면 새롭게 하고, 적으면 얻고, 많으면 헷갈린다. 이 때문에 성인은 하나를 끌어안아 천하의 손잡이로 삼는다. 자신을 드러내지 않으므로 밝고, 자신을 옳다고 하지 않으므로 옳다는 것이 밝혀지고, 자신을 자랑하지 않으므로 공이 있고, 자신을 높이지 않으므로 어른 노릇을 한다. (성인은) 결코 다투지 않으므로 천하는 그와 더불어 다툴 수 없다. 예로부터 굽으면 완전하다고 한 것이 어찌 헛말이겠는가? 정녕 (성인은) 완전하기 때문에 (도에게로) 돌아간다.

枉(왕) 굽히다　直(직) 뻣뻣하다　窪(와) 패이다　惑(혹) 헷갈리다

是(시) 옳다　彰(창) 밝혀지다　伐(벌) 자랑하다　矜(긍) 높이다

式(식) 수레앞턱가로나무(=軾)　豈(개) 어찌

曲은 19장 見素抱樸과 연결되어, 있는 그대로의 사람은 별로 마음에 들지 않는다는 사실을 강조하는 상징이다. 사람에

게는 미와 추, 선과 악이 뒤섞여 있기 때문이다. 그러나 사람은 도에서 나왔으므로 있는 그대로 완전하다. 이것은 도에 대한 4장 象帝之先 믿음에서 오는 전체성의 지혜이다.

그런데 학문에 의지하는 선비들은 사람을 제 마음에 들도록 고치려고 한다. 이렇게 曲을 곧게 펴서 불완전하게 만드는 것을 枉이라고 한다. 直^{stiff}은 본성이 왜곡되어 긴장한 것이다. 나무를 억지로 구부리면 뻣뻣해지는 것처럼 사람을 억지로 변형시키면 긴장할 수밖에 없다. 학문은 네 가지의 방향으로 사람의 본성을 왜곡한다.

9장 持而盈之 窪則盈 경험적 지식. 아무리 학문이 깊은 사람도 죽는 순간까지 지식이 부족하다.

15장 敝而不新
9장 揣而銳之 不可長保 敝則新 법, 윤리, 관습 등의 규범. 규범으로 사람을 재단하여 낡아서 쓸모없게 된 사람을 계속 새롭게 바꾸어야 한다. 역사는 새로운 사람들의 무대이므로 너무 낡아서 도저히 쓸모없게 된 사람은 포기한다.

少則得 명예. 명예를 차지하려면 지혜와 능력을 침소봉대로 한껏 부풀려야 한다.

多則惑 권력. 스승으로 큰 성공을 거두고 나면 세상을 지배하려는 허황된 욕심이 생긴다.

抱一은 자신의 굽은 모습을 그대로 간직한 채 전면적으로 기를 받아들이고 있음을 나타낸다.[▶] 式은 병거兵車의 손잡이를 10장 載營魄抱一 뜻하는데 구체적으로는 曲을 가리킨다. 말하자면, 성인은 常 의 병거에 올라[▶] 기가 넘쳐흐르는 曲을 꼭 끌어안고 천하를 치 16장 復命曰常 知常曰明 달리면서 백성의 생명을 건지고 있다. 천하백성 누구나 曲을 지키면 살 것이요 성인이라도 曲을 놓치면 죽을 것이다. 성인 은 曲을 지키기 위해 위에서 언급한 학문의 네 가지 활동을 멀 리한다.

不自見故明 성인은 남에게 지혜롭게 보이려 하지 않으므로 참으로 지혜롭다. 도는 남에게 인정받을 필요가 없는 절대적 인 진리이다.

不自是故彰 성인은 자신이 옳다고 주장하지 않기 때문에 도 가 진리임이 밝혀진다. 성인은 말이 아닌 행동으로 진리를 보 여주며, 누구든지 도를 실천함으로써 진리를 확인할 수 있다.

不自伐故有功 성인은 공로를 빌미로 명예를 취하지 않기 때 문에 공로가 있다. 성인과 백성은 각자의 삶에 충실함으로써 공로를 완수한다.[▶] 내가 잘 산 것을 남에게 자랑할 이유가 없 17장 百姓皆謂我自然 고, 남이 잘 산 것을 내가 자랑할 이유는 더더욱 없다.

不自矜故長 성인은 낮은 자리에서 백성을 섬기기 때문에[▶] 15장 混兮其若濁 백성의 어른이다.

성인은 사사로움이 없으므로 백성을 일방적으로 사랑하되 학문을 무기로 삼아 백성과 사사로움을 다투지 않는다. 성인과 천하백성은 서로 이익이 충돌하지 않으므로 둘 사이에 다툼이 일어날 가능성 자체가 없다.

15장 古之善爲士者   古之所謂는 '성인이 말하는'이란 뜻이다. 성인은 무위의 애민치국으로 曲則全이 사실임을 증명하고 있다. 만일 曲則全이 헛말이라면 성인도 자신을 남들과 비교하고 남들에게 인정받으려고 애를 쓸 것이고, 결국 남들과 다투지 않을 도리가 없을 것이다. 성인은 그 누구와도 다투지 않는다는 사실로 미루어 曲則全은 헛말이 아니라는 것이 확실하다.

『莊子』 外篇 〈山木〉에 다음과 같은 구절이 있다. "此木以不材 得終其天年(이 나무는 재목으로 쓸 수 없기 때문에 천수를 누리는구나!)" 춘추전국시대에는 정치적 실패가 패가망신으로 이어지는 일이 허다하였다. 그러니 왕에게 능력을 인정받아 벼슬을 하는 것은 위험하다, 일시적인 영화를 위하여 목숨을 거는 것보다는 초야에 묻혀서 목숨을 보전하는 것이 더 현명하다, 曲則全은 대충 이런 정도의 의미로 회자膾炙되었으리라. 이것은 헛말이다. 당분간 목숨을 보전한다고 하더라도 사람은 누구나 언젠가는 반드시 죽는다. 이왕에 죽을 목숨, 부귀영화를 누리고 후세에 이름을 남기기 위하여 한바탕 모험을 걸어보는 것도 또 하나의 합리적인 선택이 될 수 있다. 속담으로서의 曲則全은 경쟁에서 탈락한 선비들의 허풍 섞인 푸념에 불과하다.

　도는 완전하기 때문에 완전한 사람만이 도에게로 돌아갈 자격이 있다. 그런데 '있는 그대로의 나'는 완전하므로 누구든지 원하는 사람은 어떠한 준비도 할 필요가 없이 당장에 도를 실천하면 된다.

式

23장

希言自然

故飄風不終朝 驟雨不終日

孰爲此者 天地 天地尙不能久 而況於人乎

故從事於道者 道者同於道 德者同於德 失者同於失

同於道者 道亦樂得之 同於德者 德亦樂得之 同於失者 失亦樂得之

信不足焉 有不信焉

(스승이) 말하지 않아도 (백성은) 스스로 한다. 그러므로 회오리바람은 아침을 넘기지 못하고, 소나기는 하루를 넘기지 못한다. 누가 이런 일을 하느냐 (하면) 천지이다. 천지라도 오히려 꾸준하지 못한데 하물며 사람으로서야! 그러므로 도에 관한 일을 하는 사람으로 말하면, 도를 실천하는 사람은 도와 결합하고, 덕을 실천하는 사람은 덕과 결합하고, (도와 덕) 잃는 사람은 (도와 덕을) 잃은 것과 결합한다. 도와 결합하는 사람은 도가 또한 그를 즐거이 받아들이고, 덕과 결합하는 사람은 덕이 또한 그를 즐거이 받아들이고, (도와 덕) 잃은 것과 결합하는 사람은 (도와 덕을) 잃은 것이 또한 그를 즐거이 받아들인다. 믿음이 모자라니 믿지 않는다.

飄風(표풍) 회오리바람   驟雨(취우) 소나기

2장 行不言之敎   **성**인은 말을 아끼고 행동으로 모범을 보인다.〝 성인을 알아
17장 百姓皆謂我自然   보는 사람은 自然의 본성에 따라 스스로 도를 실천한다.〝 그런

데 自然을 모르는 스승은 백성을 윤리와 법으로 옥죈다. 飄風
은 윤리, 驟雨는 법을 비유한다.'

지금의 天地는 만물로서의 하늘과 땅이다. 만물 중에서 가
장 크고 강력한 천지일지라도 회오리바람이나 소나기처럼 큰
자연 현상을 오랫동안 일으키지는 못한다. 하물며 사람은 미
약한 육신을 지닌 존재이다. 윤리와 법으로 욕구를 억누른다
면 사람으로서는 오래 견딜 재간이 없다. 만일 회오리바람과
소나기가 오래 지속된다면 온 세상이 뒤죽박죽이 될 것이다.
이처럼 윤리와 법으로 욕구를 억누른다면 사람들은 반드시 다
툼, 범죄, 전쟁 등의 혼란을 일으킬 것이다.

도에 관한 일을 하는 사람에는 세 부류가 있다. 첫째, 도를
실천하는 사람은 도와 결합하여 신적인 자유를 누린다. 도가
아들에게 부여하는 자연은 신적인 자유이다. 둘째, 덕을 실천
하는 사람은 자아를 회복하여 사사로움을 버리고 도를 사랑한
다. 도가 사람에게 부여하는 자연은 이성적인 판단력이다. 셋
째, 도와 덕을 잃은 사람은 욕구를 따라 만물과 결합함으로써
생성소멸의 법칙을 따른다. 도가 만물에게 부여하는 자연은
생성소멸이다.

道者는 곧 德者이지만 도를 실천하는 일을 두 단계로 구별
하여 도의 주도권을 강조한다. 즉, 德者는 도를 사랑하는 사람
이며 道者는 도의 사랑을 받는 사람이다. 도를 사랑하는 것보
다 도의 사랑을 받는 것이 더 높은 차원의 일이다.

失者도 도에 관한 일을 하는 사람이다. 노자의 도가 아니더라도 사람은 누구나 나름대로 도를 실천하고 있다. 심지어 아무 생각 없이 사는 사람이나 자살을 선택하는 사람이라 할지라도 그러한 인생의 도를 실천하고 있는 것이다. 세상의 도는 쾌락, 재물, 명예, 권력을 적당히 섞어놓은 것인데 구체적인 예를 들면 취미, 스포츠, 인물, 학설, 규범, 예술, 업적, 이념, 세계관, 국가, 민족, 미신 등등이다.

미신에 있어서는 우상을 믿는 것이 도이다. 우상이란 사람이 자신의 욕구를 투사하여 빚어낸 가짜 신이다. 의식의 발달 수준에 따라 우상은 대략 자연물, 동식물, 조형물, 인물, 괴물, 천체 등의 진화과정을 거쳐 마지막에는 추상적인 최고신에 도달한다. 추상적인 최고신은 가장 현대적이고 가장 기만적인 우상이다. 신, 上帝, 天帝, 天, 天主, 하느님, 창조주 등등 세상보다 높은 곳에서 온 세상을 다스리는 존재를 뜻하는 이름이면 어느 것이라도 좋다. 사람들은 이것으로부터 각자의 기호에 따라 원하는 우상을 자유로이 빚어낼 수 있다.

同於道, 同於德, 同於失을 주도하는 것은 각각 도, 이성, 욕구이다. 사람이 욕구를 따라 만물 속을 헤매다가 소멸한다면 생존하는 동안의 행불행, 수명의 장단과는 아무 상관없이 이 세상에 태어난 보람이 전혀 없다. 그렇다고 우상에 의지하여 죽음을 벗어나는 것도 불가능하다. 사람에게 열려있는 희망의 탈출구는 오직 무이다. 그러므로 올바른 이성을 지닌 사람이라면 자신과 세상의 존재의미를 알기 위해 도를 사랑하지 않을 수 없다. 덕은 이성적 판단에 근거한 결단의 행위이다.

그리하여 도와 결합하는 사람은 도가 즐거이 받아들이면서 기를 부어준다. 덕과 결합하는 사람은 도가 부여한 이성적 판단력을 즐거이 발휘한다. 도와 덕을 잃은 것과 결합하는 사람은 다종다양한 욕구를 채우는 즐거움을 누리다가 도가 정한 만물의 법칙에 따라 소멸한다.

信不足焉 有不信焉은 17장을 참조하라. 성인은 도의 능력을 목격하고 있기 때문에 도를 믿는다. 성인이 겪은바, 도는 성인을 믿고 있으며 성인이 도를 사랑하기 전부터 그를 믿고 기다려 왔다. 성인은 도를 닮아서 도를 사랑하는 사람도 믿고 도를 사랑하지 않는 사람도 믿는다. 사람은 자신의 운명을 스스로 선택할 수 있는 이성적 능력이 있기 때문에 만물 위에 뛰어나다.

24장

企者不立 跨者不行

自見者不明 自是者不彰 自伐者無功 自矜者不長

其在道也 曰餘食贅行 物或惡之 故有道者不處

> 발돋움한 사람은 설 수 없고, 다리를 벌린 사람은 갈 수 없다. 자신을 드러내는 사람은 밝지 않고, 자신이 옳다고 하는 사람은 옳다고 밝혀지지 못하고, 자신을 자랑하는 사람은 공이 없고, 자신을 높이는 사람은 어른 노릇을 하지 못한다. 그런 것은 도에 있어서, 말하자면 남은 음식이나 혹과 같은 행동이라, 만물이 다 그것을 미워하므로 도가 있는 자는 (그런 일에) 몸담지 않는다.

贅(췌) 혹

企기는 어린아이들이 발뒤꿈치를 들고 서로 키를 비교하면서 장난치는 것이다. 잠시 동안은 크게 보이지만 곧 뒤척거리며 제자리를 벗어나는 것이 우습다. 立은 살아있음을 나타낸다. 백성 위에 자신을 높이는 스승은 자아를 상실한다.

跨과는 다리를 넓게 벌리고 동무들이 지나가지 못하게 막는 장난이다. 상대방을 가로막느라 자신도 움직일 수가 없어서 곤란을 겪는 모습이 우습다. 行은 애민치국을 가리킨다. 도와 학문에 양다리를 걸치는 스승은 도와 백성의 사이를 가로막느

2장 行不言之教

94

라 본인도 도를 실천하지 않는다.

이 위선적인 스승은 曲則全의 네 가지 성과를 하나하나 무너뜨린다. 아래의 내용은 22장과 대응한다.

自見者不明 스승이 학식을 자랑하는 순간 어리석어진다. 학문과 도는 양립할 수 없다.

自是者不彰 스승이 윤리와 법으로 백성을 판단하는 순간 스스로 옳지 않다는 것이 드러난다. 윤리와 법은 강자의 입장에서 사람을 선인과 악인으로 나누는 잣대에 지나지 않는다. 도는 자연의 본성을 따른다.

自伐者無功 스승이 공로를 빌미로 재물과 명예를 취하는 순간 도에서 탈락한다. 사사로움과 도는 양립할 수 없다.

自矜者不長 스승이 백성 위에 군림하는 순간 남에게 의존하여 제 몸을 버티는 심리적 미숙아로 전락한다.

餘食은 '사람이 먹다 남은 밥'으로서 짐승의 먹이를 뜻한다. 명예와 권력은 약육강식의 법칙을 따르는 짐승에게나 어울린다. 贅行은 '군더더기 행동'이다. 도를 학문으로 치장하는 것은 애민치국을 저해하는 군더더기 행동이다. 학문은 마치 몸뚱이를 갉아먹는 혹처럼 도를 무력화시킨다. 物或惡之는 스승과 백성이 생명을 잃고 있음을 에둘러 말한 것이다.[']스승이 도를 ^{16장 曰作凶}

벗어났으므로 도가 사람을 위하여 준비한 만물이 그 역할을
제대로 수행할 수가 없다.

세상의 스승들은 사람의 완전한 모습인 曲을 벗어나고자 앞
을 다투어 쓸모없는 행동을 한다. 도를 품은 스승이라면 그런
어리석은 유행에 편승할 리가 없다.

25장

有物混成 先天地生

寂兮寥兮 獨立不改

周行而不殆 可以爲天下母

吾不知其名 字之曰道

强爲之名曰大 大曰逝 逝曰遠 遠曰反

故道大 天大 地大 王亦大 域中有四大而王居其一焉

人法地 地法天 天法道 道法自然

어떤 것이 있어 (여러 가지가) 뒤섞여 이루어졌는데 천지보다 먼저 생겼다. 아무 소리도 들리지 않고 아무것도 보이지 않는데 (나는) 홀로 서서 바뀌지 않는다. (성인은) 두루 다니면서 위태롭지 않으므로 천하의 어머니라고 할 수 있다. 나는 그 이름을 몰라서 그것을 글자로 일컬어 도라고 해둔다. 억지로 그것을 설명하자면 대이고, 대는 서이고, 서는 원이고, 원은 반이다. 그러므로 도도 크고, 하늘도 크고, 땅도 크고, 왕도 역시 크다. 우주에는 네 개의 큰 것이 있는데 왕은 그중에 하나이다. 사람은 땅을 따르고, 땅은 하늘을 따르고, 하늘은 도를 따르고, 도는 스스로 그러함을 따른다.

寂(적) 조용하다　寥(료) 휑하다　法(법) 좇다

有物은 氣가 틀림없이 존재한다는 것을 나타낸다. 기에는 성인, 무지, 무위, 무욕, 현, 묘, 요, 도가 뒤섞여 있다.' 천지는 14장 混而爲一

5장 天地之間
其猶橐籥乎
무로부터 기를 받아들여서 만물로 불어넣는다. 그러므로 기는 천지보다 앞선다.

14장 視之不見 名曰夷
聽之不聞 名曰希
寂兮寥兮는 묘와 현을 각각 소리와 형상에 비유한 것이다. 말하자면, 묘는 도의 목소리이며 현은 도의 모습이다. 獨立은 24장 企者不立 천하의 다툼에서 벗어나 홀로 살아있는 것이며, 不改는 만물에 적응하여 자신을 고치지 않는 것이다. 현의 생명은 오직 도 21장 窈兮冥兮 其中有精 에서 온다.

周行은 무위의 애민치국이다. 성인은 맞닥뜨리는 삶의 현실을 하나도 빠짐없이 다스리고 있다. 不殆는 성인 역시 죽음의 16장 沒身不殆 위험을 대면하고 있음을 암시한다. 만일 성인이 사사로움에 굴복하여 무위를 떠난다면 애민치국은커녕 본인의 목숨도 건사할 수 없다. 爲天下母는 천하백성에게 기를 부어주는 활동을 지시한다. 20장 食母와 호응한다. 어머니 없이는 아들이 있을 수 없듯이, 성인이 없는 천하는 생존경쟁의 각축장에 지나지 않는다.

吾不知其名은 도가 무임을 말하는 수법이다. 4장 吾不知誰之子로 성인이 무의 아들임을 말한 수법과 호응한다. 其는 성인에게 기를 부어주고, 자아의 깨달음을 주고, 애민치국의 충동을 일으키는 미지의 '그' 존재, 곧 무를 가리킨다.

여기에서 名은 무에 대한 지식knowledge이다. 名에 관하여 1장 1장 有名萬物之母 을 참조하라. 성인은 무에 이름을 짓고 있음에도 불구하고 무에 대한 지식을 지니지 못한다. 자신보다 큰 존재를 아는 것은 불가능하기 때문이다. 예컨대, 사람은 개를 잘 알지만 개는 사람의 진면목을 도저히 알지 못한다. 성인은 무가 자신에게 일으키는 변화를 통하여 무를 알고 있음에도 불구하고, 역설적이게도, 무는 계속 미지의 존재로 남아있다.

그렇지만 무에 글자로 이름을 붙이지 못할 이유는 없다. 무는 노자에게 만물의 무엇과도 비교할 수 없는 신적인 생명, 지혜, 자유를 부여하고 있으므로 노자는 자신을 모두 기울여서 무를 따라가고 있다. 그러한 무를 지시하기 위하여 노자는 길이라는 뜻을 지닌 글자 道를 선택한다. 그러나 도라는 글자 자체는 도에 대하여 아무것도 알려주지 않는다.

强爲之名은 15장 强爲之容과 대구를 이룬다. 성인의 모습을 직접 묘사하기가 곤란했던 것처럼 도를 직접 설명하는 것도 곤란하다. 도를 억지로 설명하자니 도가 성인에게 일으키는 사건을 상징적인 의미의 글자로 지시하는 수밖에 없다.

현은 성인이 알고 있는 모든 것보다 크므로˚ 大이다. 大는 '모든 것'이라는 정도의 뜻이 되겠다. 현이 大라면 현을 낳은 도를 大라고 밖에는 달리 표현할 수 없다. 逝는 묘를 가리킨다. 도가 아들에게 주는 생명의 깨달음은 무궁무진한 변화를 일으킨다. 遠은 요를 가리킨다. 성인이 발휘하는 믿음의 지혜는 천하와 만물로 끝없이 확장된다. 反은 도에게로 돌아가는 사건이다.˚ 성인은 무의 힘으로 유를 다스리면서 도에게로 돌아가고 있다.

4장 象帝之先

22장 全而歸之

23장 同於德者
德亦樂得之

大, 逝, 遠, 反은 모두 기의 활동이다. 曰은 동치同値의 관계를
나타낸다. 16장을 참조하라. 反은 사사로움을 버리고 도를 사
랑하는 사건이다.[*] 이것은 도의 부름에 대한 성인의 화답이다.
만일 사람이 도의 부름에 귀를 막고 反의 사건을 일으키지 않
는다면 遠, 逝, 大의 사건도 일어나지 않는다.

大는 유의 전체성인 象보다 크기 때문에 大이며, 逝는 성인
의 모든 것을 변화시키기 때문에 大이며, 遠은 유의 모든 것으
로 확장되기 때문에 大이며, 反은 大의 사건으로 돌아가기 때
문에 大이다. 사건을 일으키는 주체가 사건보다 작을 수는 없
으므로 네 사건의 주체들도 모두 大라고 할 수밖에 없다. 그러
므로 道, 天, 地, 王은 모두 大이다.

누구든지 도를 사랑하는 사람은 기를 받아들이면서 왕의 능
력을 발휘한다. 그리하여 성인은 오직 도를 사랑하기 때문에
필연적으로 천하백성을 사랑한다. 이제 大는 '위대하다'의 의
미를 획득한다. 그리하여 도, 천, 지만 위대한 것이 아니라 왕
도 '역시^亦' 위대하다. 도, 천, 지는 보이지 않는 무의 운동을 일
으키되 왕은 애민치국을 통하여 눈에 보이는 공로를 세운다.
사람의 위대함은 왕다운 행위와 그 결과에 의해 증명된다.

域은 성인의 통치력이 미치는 영역으로서 구체적으로는 도
와 천지만물이다. 도는 끝끝내 무로 남아있지만 성인은 도가
낳은 아들이기 때문에 도 역시 성인의 통치영역에 포함된다.
도와 천지만물 중에서 도, 천, 지, 왕이 위대하다. 현은 도의 아

들이므로 위대하고, 천은 도의 뜻을 받들기 때문에 위대하고, 지는 만물을 빠짐없이 다스리기 때문에 위대하고, 왕은 사사로움을 버리고 천하백성을 사랑하기 때문에 위대하다.

기는 도에서 천, 지, 왕, 만물로 물처럼 흐르고, 사람은 기의 힘으로 만물을 다스리면서 자신의 근원인 도에게로 돌아간다. 그리하여,

- 사람은 무지의 덕으로 反의 사건을 일으켜서 지를 따르고
- 지는 무위의 덕으로 遠의 사건을 일으켜서 천을 따르고
- 천은 무욕의 덕으로 逝의 사건을 일으켜서 도를 따르고
- 도의 아들인 현은 大의 사건을 일으켜서 自然을 따른다.

자연은 도가 아들에게 부여하는 신적인 자유이다.ᐟ 王이 돌연 人으로 바뀐 것에 주목해야 한다. 사람은 누구나 오직 도를 사랑함으로써 천하와 만물을 다스리는 왕, 무와 유를 소통시키는 천지, 도의 사랑을 받는 아들로 승격된다. 사람의 참된 본성은 신이다.

17장 百姓皆謂我自然
23장 希言自然

26장

重爲輕根 靜爲躁君
是以聖人終日行 不離輜重
雖有榮觀 燕處超然 奈何萬乘之主而以身輕天下
輕則失本 躁則失君

> 무거움을 가벼움의 뿌리로 삼고, 고요함을 조급함의 임금으로 삼는다.
> 이 때문에 성인은 하루를 가더라도 보급 수레를 떼놓지 않는다. 좋은 경
> 치가 있어도 느긋이 앉아 거들떠보지 않으니, 어찌 만승지주가 자신을
> 천하보다 가벼이 여기겠는가? 가벼우면 근본을 잃고, 조급하면 임금 자
> 리를 잃는다.

輜(치) 짐수레   燕(연) 편안하다

重은 묘이며, 輕은 욕구이다. 精이 무의 안으로 묘의 뿌리를
뻗어 내리면서˙ 요의 나무가 성장한다. 풀어서 말하면, 성인은
무지무욕으로 신적인 생명력을 강화함으로써 욕구를 다스리
며, 이로써 세상에 더욱 통달한다.

1장 玄之又玄 衆妙之門

靜은 무위의 고요함˙으로서 도에 대한 믿음을 가리킨다. 躁
는 학문이다. 세상의 스승들은 법과 윤리로 욕구를 조급하게
다스리려고 한다. 그들은 기꺼이 복종하지 않는 백성을 달래
고 협박하느라 시끄럽다.˙ 그러므로 성인은 믿음으로 학문을

16장 歸根曰靜

17장/23장
信不足焉 有不信焉

복종시킨다.

終日行은 무위의 애민치국˙이며, 輜重은 무지무욕이다. 말 23장 驟雨不終日
2장 行不言之敎
하자면, 무위는 죽은 사람을 살리는 전쟁이며 무지무욕은 생명
의 지혜를 보급하는 수레이다. 그러므로 성인은 하루 동안에도
수시로 조용한 때와 장소를 마련하여 무지무욕을 실천한다.

榮觀은 사사로움이다. 성인은 만물의 전체성인 象을 낳으면서˙ 4장 象帝之先
마음이 느긋하므로 사사로움에는 초연하다.˙ 超然은 自然을 달 20장 我獨泊兮其未兆
리 말한 것으로서 동물적인 자유를 뛰어넘는 신적인 자유임을
강조한다.

전쟁터로 가는 임금이 한가하게 경치구경이나 한다면 반역
자에게 천하를 빼앗기고 말 것이다. 이와 같은 이치에서, 스승
이 만일 사사로움을 쫓느라 시간 가는 줄 모른다면 백성을 살
리기는커녕 자신이 먼저 멸망하고 말 것이다.

萬乘之主는 무력으로 반역자를 제압함으로써 정권의 정통
성을 입증한다. 乘은 네 마리 말이 이끄는 병거이다. 주나라 제
도에 의하면 천자는 萬乘, 제후는 千乘, 경과 대부는 百乘의 군
대를 거느릴 수 있었다. 제도가 그렇다는 것이고 실제로는 전
성기의 천자나 세력이 큰 제후의 경우 최대 1,000 乘 정도를
보유하였다. 따라서 만승지주는 실제와는 동떨어진 과장된 칭
호이다.

그에 비해 성인은 명실상부한 만승지주이다. 萬乘은 4만 마리의 말로 구성되므로 $40,000 = 4(10 \times 10)(10 \times 10)$ 이 되는데 이를 숫자의 상징으로 해석하면, 4 : 애민치국의 지혜[10장 明白四達], 10×10 : 도와 성인의 사랑, 10×10 : 성인과 천하백성의 사랑. 10은 도와 사람의 완전함을 상징한다.[19장 民利百倍]

주나라의 왕은 천자, 임금君, 만승지주라는 호칭을 겸용한다. 천자는 하늘의 아들이며, 왕은 하늘의 뜻을 알아보는 제주祭主이다. 이 둘은 제례적 칭호이다. 임금은 하늘의 뜻에 따라 백성을 다스리는 자이며, 만승지주는 군대의 총사령관으로서 하늘의 뜻에 불복하는 반역자를 징치하는 자이다. 이 둘은 정치적 칭호이다. 이상을 요약하면, 천자는 제례적 신분, 왕은 제례적 지위, 임금은 정치적 신분, 만승지주는 정치적 지위이다. 신분身分은 혈통에 따라 주어지는 권력의 등급을 나타내며, 지위地位는 공로에 따라 주어지는 명예의 등급을 나타낸다.

왕은 스스로 천자임을 주장하면서 권력을 필두로 하여 명예, 재물, 쾌락을 독차지하고 무력에 의해 자신의 모든 행위를 정당화한다. 그러므로 왕으로서는 하늘에 제사를 올리는 일이 무엇보다도 중요하다. 그러나 왕이 섬기는 하늘은 우상에 불과하며 제주인 왕은 실제로 하늘이 낳은 아들이 아니다. 천자는 그저 왕의 지위를 정당화하기 위한 형식적인 칭호일 뿐이다.

왕은 자신을 천하보다 무겁게 여겨서 자신의 쾌락과 안위를 위해 백성을 고생시키며 그들의 목숨을 가벼이 여긴다. 그가 만승지주로서 전쟁을 벌이는 것은 백성의 재물과 목숨을 희생하여 정적을 쳐부수고 권력을 강화하기 위한 것이다. 그는 백성의 도움이 없이는 지위를 보전할 수도 없고, 먹고 입고 거동할 수도 없는 무능한 자이다. 그가 차지한 천자와 임금의 신분은 가짜이고 그가 취득한 왕과 만승지주의 지위는 능력도 발휘하지 못하는 허명에 불과하다.

그런데 성인은 실제로 하늘이 낳은 아들, 곧 천자이다. 성인은 또한 천하를 대신하여 하늘의 뜻을 알아보는 왕이며, 하늘의 뜻에 따라 애민치국을 수행하는 임금이며, 하늘의 뜻에 불복하는 백성의 마음을 되돌리고자 헌신하는 만승지주이다. 성인 또한 자신을 천하보다 무겁게 여긴다. 성인은 천하를 살릴 수 있지만 천하는 성인에게 아무 도움을 줄 수 없기 때문이다. [5장 聖人不仁 以百姓爲芻狗] [2장/10장 爲而不恃]

만일 성인이 자신을 천하보다 가벼이 여겨서 사사로움에 굴복한다면 더 이상 애민치국을 수행할 수 없다. 제 목숨을 잃은 사람이 남을 살릴 수는 없기 때문이다. 身은 가짜 만승지주에 있어서는 사사로움이고, 참된 만승지주에게 있어서는 현이다. 身에 관하여는 7장의 설명을 참조하라. 하나의 문장으로 전혀 다른 두 종류의 만승지주를 논하는 수법이 주목할 만하다.

輕은 사사로움에 굴복하여 무지무욕을 소홀히 하는 것이며, 本은 뿌리의 몸체로서 精을 가리킨다. 스승이 무지무욕을 소홀히 하면 精을 상실한다. 스승의 생명이 끊어진 터에 애민치국은 엄두조차 낼 수 없다.

躁는 학문에 굴복하여 무위를 벗어나는 것이다. 스승이 무위를 벗어나면 속절없이 백성과 함께 공멸한다. 적에게 패배한 무능한 만승지주는 임금의 신분을 잃는 것처럼, 사람을 살리지 못하는 무능한 스승은 스승의 자격이 없다.

27장

善行無轍迹 善言無瑕謫 善數不用籌策

善閉無關楗而不可開 善結無繩約而不可解

是以聖人常善救人故無棄人 常善救物故無棄物 是謂襲明

故善人者不善人之師 不善人者善人之資

不貴其師 不愛其資 雖智大迷 是謂要妙

(수레를) 잘 몰고 가면 바퀴 자국을 남기지 않고, 말을 잘하면 잘못을 꾸짖지 않고, 셈을 잘하면 산가지를 쓰지 않고, (문을) 잘 닫으면 빗장과 걸쇠가 없어도 열리지 않고, (새끼줄을) 잘 묶으면 매듭이 없어도 풀리지 않는다. 이 때문에 성인은 늘 사람을 잘 건지되 사람을 버리지 않고, 늘 만물을 잘 건지되 만물을 버리지 않는다. 이를 습명이라고 한다. 그러므로 선한 사람은 선하지 않은 사람의 스승이고, 선하지 않은 사람은 선한 사람이 되는 바탕이다. (제자가) 스승을 존경하지 않고 (스승이) 바탕을 아끼지 않으면 비록 (스승이) 지혜롭더라도 크게 헤맨다. 이를 요묘라고 한다.

轍迹(철적) 바퀴자국   瑕(하) 흠   謫(적) 꾸짖다   關(관) 빗장

楗(건) 걸쇠   繩約 매듭   襲(습) 덮치다   資(자) 바탕

善行無轍迹 전쟁터로 나가는 병거들은 대오를 이루어서 향도가 지나간 자국을 따라 행진한다. 성인은 常의 병거를 타고 천하백성을 인도하는 향도이다.ˇ 그런데 常의 병거는 바퀴 자 22장 抱一爲天下式

국을 내지 않는다. 즉, 성인은 백성에게 자신을 모방하라고 하지 않는다. 백성 개개인은 스스로 도의 인도를 받아 자신의 고유한 길을 갈 것이기 때문이다.˘

19장 絶聖棄智 民利百倍

16장 不知常 妄作凶

2장 行不言之敎

善言無瑕謫 常을 모르면 무슨 일을 해도 잘못하기 마련이다.˘ 그러므로 성인은 행동으로 도를 증언하되˘ 백성의 잘못을 꾸짖지는 않는다.

24장 跨者不行

善數不用籌策 성인의 관심사는 오직 도이므로 둘 이상의 수를 셀 필요가 없고, 따라서 산가지를 쓸 일이 없다.˘

6장 玄牝之門

26장 重爲輕根

善閉無關楗而不可開 閉는 욕구를 다스리는 것이며˘ 關楗은 법과 윤리를 가리킨다. 무지무욕으로 精을 강화함으로써 욕구가 저절로 다스려지므로˘ 새삼스레 법과 윤리로 욕구를 단속할 필요가 없다.

17장 百姓皆謂我自然

善結無繩約而不可解 結은 성인과 백성의 사랑이며 繩約은 사사로움을 주고받는 이해관계이다. 성인은 아무 대가를 바라지 않고 일방적으로 백성을 섬기며 백성은 성인에게 의존하지 않고 스스로 도를 실천한다.˘ 성인과 백성은 도를 더욱 사랑하고 그에 따라 서로를 더욱 사랑한다.

성인은 도를 실천하는 사람들을 죽음에서 건진다. 이것은 당연하다. 그런데 성인은 도에 무관심하거나 도를 반대하는 사람들도 포기하지 않는다. 성인도 도를 모를 때에는 그런 고집을 피운 적이 있기 때문에 그들의 처지를 잘 이해한다.

성인은 기쁨과 슬픔, 행복과 불행을 가리지 않고 삶의 현실 자체를 애민치국의 밑거름으로 활용한다. 그리하여 성인은 만물의 티끌 하나도 버리지 않고 건진다.˘

4장 同其塵

襲明은 明˘의 별칭으로서 모든 사람과 모든 것을 하나도 빠짐없이 살리는 전체성의 지혜임을 강조한다. 이것은 성인 자신이 밝아짐으로써 천하와 만물이 저절로 밝아지는 전체적인 밝음total brightness이다. 이와 비교하면 학문은 욕구가 향하는 곳만 비추는 조명照明 spot light이라고 할 수 있겠다. 조명은 좁은 부분을 강하게 비추지만 그 밖은 캄캄하게 남아있다. 그런데 그 캄캄한 곳에 가장 중요한 것, 곧 인생과 세상의 의미가 숨겨져 있다.

10장 明白四達
16장 知常曰明

善人은 도를 사랑하므로 사람을 사랑하며 不善人은 도를 사랑하지 않으므로 사람을 사랑할 줄 모른다. 자신이 불선인임을 인정하는 사람은 선인에게 도를 배우기를 원할 것이다. 이때 선인과 불선인은 스승과 제자의 관계를 맺게 된다. 제자라는 뜻의 弟 대신에 資라고 한 것은 스승과 제자가 서로 평등한 관계임을 나타낸다. 제자는 자신에게 삶의 희망을 주는 스승을 존경하며, 스승은 제자의 귀중한 생명을 잃지 않기 위해 헌신한다.˘

13장 愛以身爲天下

세상의 스승과 제자는 사람이 아닌 사사로움을 사랑한다. 제자가 존경하는 것은 스승의 학식이며, 스승이 아끼는 것은 제자들이 납부하는 수업료와 세상의 명예이다. 스승과 제자의 이해관계가 소멸하면 사제의 정과 동학同學의 의리도 함께 소멸하며 어제의 동지가 오늘의 적으로 돌아서기도 한다. 大迷는 18장 大僞와 대구를 이룬다. 학문에 의지하는 스승은 세상을 속이고 자신도 속는다.

1장 常無欲以觀其妙

要妙는 '묘의 핵심'으로서 도와 성인의 사랑을 가리킨다. 스승과 제자의 사랑은 도와 스승의 사랑이 세상으로 드러난 것이므로 이 또한 要妙이다.

28장

知其雄 守其雌 爲天下谿 爲天下谿 常德不離 復歸於嬰兒
知其白 守其黑 爲天下式 爲天下式 常德不忒 復歸於無極
知其榮 守其辱 爲天下谷 爲天下谷 常德乃足 復歸於樸
樸散則爲器 聖人用之則爲官長 故大制不割

(스승은) 그 수컷을 알고 (스승과 제자는) 그 암컷을 지켜 천하를 살리는 개울이 된다. (제자가) 천하를 살리는 개울이 되면 늘 덕스러워 나뉘지 않으니 버려진 어린아이로 돌아간다. (스승은) 그 흰 것을 알고 (스승과 제자는) 그 검은 것을 지켜 천하를 위한 손잡이가 된다. (제자가) 천하를 위한 손잡이가 되면 늘 덕스러워 어긋나지 않으니 무극으로 돌아간다. (스승은) 그 영예를 알고 (스승과 제자는) 그 모욕을 지켜 천하를 품는 골짜기가 된다. (제자가) 천하를 품는 골짜기가 되면 늘 덕스러워 (애민치국 자체로) 만족하니 통나무로 돌아간다. 통나무들이 흩어지면 (애민치국의) 인재가 되고, 성인이 그들을 쓰면 곧 벼슬아치들이 된다. 그러므로 큰 마름질은 (재목을 조각으로) 나누지 않는다.

谿(계) 개울　忒(특) 어긋나다　器(기) 인재　制(제) 마름질

앞 27장 要妙를 구체적으로 설명한다. 스승은 도의 사랑을 받으려면 무위를 지켜야 한다는 것을 안다. 크게 손해를 보는 것처럼 보이는 일이 사실은 무엇보다도 큰 이익을 얻는 일이다. 제자는 이 역설을 잘 납득할 수 없지만 스승을 믿고 무위

를 굳게 지키면서 무지무욕을 실천한다. 제자에게는 아직 도가 낯설고 두렵기 때문에 스승의 도움이 필요하다.ˇ

19장 令有所屬

16장 知常容

雄은 공로, 雌는 수용이다.ˇ 스승이 도에서 얻는 것은 精이며, 스승이 제자와 더불어 받아들이는 것은 象이다. 제자는 스승을 본보기로 삼아 천하백성 누구나 찾아가서 생명의 물을 마실 수 있는 시냇물이 된다. 不離는 몸과 마음이 분열되지 않는 것이다.ˇ 제자는 도의 생명력으로 욕구를 다스림으로써 자아의 통일성을 지킨다. 復歸는 본성을 따라 도에게로 복귀하는 것이다.ˇ 嬰兒는 10장 嬰兒와 같은 뜻이지만 세상과 동떨어져 있음을 강조한다.ˇ 도의 어린아이는 오직 도만을 믿고 따른다. 이제야 제자는 스승이 精을 얻고 있다는 것을 알며, 따라서 象을 받아들이는 이유도 납득한다.ˇ

10장 載營魄抱一能無離乎

14장 復歸於無物
16장 復命, 22장 全而歸之

20장 如嬰兒之未孩

4장 象帝之先

白은 완전한 지혜, 黑은 철저한 어리석음이다. 스승이 도에서 얻는 것은 襲明ˇ이며, 스승이 제자와 더불어 지키는 것은 曲則全이다. 曲則全은 학문을 끊는 어리석음이다.ˇ 제자는 스승을 본보기로 삼아 천하백성을 살리는 생명의 손잡이ˇ가 된다. 不忒은 죽음과 거짓에 빠져들지 않는 것이다. 제자는 습명의 힘으로 사사로움과 학문의 유혹을 이겨내면서 참된 생명의 길을 지키며, 이로써 습명은 끝없이 거듭 새로워진다. 無極은 습명을 발휘하는 천하백성의 스승을 가리킨다. 이제야 제자는 스승이 습명을 얻고 있다는 것을 알며, 따라서 학문을 끊고 曲則全을 지키는 이유도 납득한다.

10장 明白四達

20장 絶學無憂/
我愚人之心也哉

22장 抱一爲天下式

스승이 누리는 것은 도의 친구의 영예이며, 스승이 제자와
더불어 받아들이는 것은 천하의 모욕이다. 도는 사사로움과
학문을 거스르므로 천하백성의 조롱과 반대를 받는다. 제자는
스승을 본보기로 삼아 선인과 악인을 가리지 않고 모든 사람
에게 모든 것을 주는 谷神˚이 된다. 乃足은 애민치국에 헌신하
면서 그 자체로 만족하는 것이다. 樸은 도와 협력하여 천하백
성을 살리는 도의 친구이다.˚ 이제야 제자는 스승이 도의 친구
의 영예를 누리고 있다는 것을 알며, 따라서 천하의 모욕을 받
아들이는 이유도 납득한다.

6장 谷神不死
15장 曠兮其若谷

15장 敦兮其若樸
19장 見素抱樸

　도의 친구들은 삶의 현장으로 흩어져서 애민치국을 수행하
는 인재가 된다.˚ 官長은 성인들이 서로 협력하고 있음을 해
학적으로 말한 것이다. 말하자면, 도는 친구들을 관장으로 임
명하여 각자의 고을을 다스리도록 하였으며, 성인들은 서로를
관장으로 부린다.˚

11장 埏埴以爲器

21장 吾何以知衆甫之狀哉
　　以此

　大制는 애민치국을 재목을 재단하는 것에 비유한 것이다.
성인은 사람을 있는 그대로 받아들여서 도의 아들, 천하백성
의 스승, 도의 친구로 완성하되 사람을 용도와 재능에 맞추어
재단하지 않는다. 사람은 그 자신이 목적이고 다른 용도를 위
한 수단이 될 수 없다.

29장

將欲取天下而爲之 吾見其不得已

天下神器 不可爲也 爲者敗之 執者失之

故物或行或隨 或歔或吹 或强或羸 或挫或隳

是以聖人去甚 去奢 去泰

> (속된 선비들은) 천하를 취하여 그것을 주무르고자 하는데, 내가 보기에
> 그런 시도는 이루어질 수 없다. 천하는 신령한 그릇이므로 그것을 주무
> 르면 안 된다. 그것을 주무르는 자는 무너뜨리고, 그것을 잡는 자는 놓친
> 다. 그러므로 만물은 앞서고 뒤따르며, 들이쉬고 내쉬며, 강해지고 여위
> 며, 꺾이고 무너진다. 그러므로 성인은 지나친 것을 버리고, 건방진 것을
> 버리고, 위대한 것을 버린다.

敗(패) 무너뜨리다   歔(허) 들이쉬다   吹(취) 불다

羸(리) 야위다   隳(휴) 무너지다   奢(사) 자랑하다

　　세상의 선비들은 되도록 높은 지위에 올라서 천하를 위해
큰일을 하려고 한다. 가장 큰 소망은 왕이 되는 것이고, 그게
불가능하다면 왕을 보좌하는 최고의 관료가 되는 것도 나쁘지
않겠다. 그것도 안 되면 아무튼 되도록 높은 자리로 올라가는
것이 좋다. 그러나 노자는 그들의 의도가 이루어질 수 없다는
것을 빤히 보고 있다. 그들은 사람이 아닌 사사로움을 사랑하
기 때문이다. 일시적으로 세상이 다스려지는 것처럼 보이더라

도 그것은 더 큰 파멸과 죽음의 전조일 뿐이다.

16장 不知常 妄作凶

천하는 신을 담는 그릇이며 모든 사람은 신의 바탕이다.
그러므로 사람은 누구나 자신의 행동을 스스로 결정할 능력이
있다. 爲는 법과 윤리를 지시한다. 사람에게 법과 윤리를 강요
하면 신적 본성을 무너뜨려서 반드시 분노, 질투, 미움, 다툼,
도둑질, 강도, 살인, 전쟁 등의 혼란을 일으킨다. 執은 학문을
지시한다. 14장 執古之道 以御今之有와 대비된다. 경험과 이
성으로는 사람을 알 수 없고, 따라서 천하도 알 수 없다.

11장 旋埴以爲器
27장 不善人者 善人之資

或行或隨 성인과 천하백성. 行은 애민치국이다. 스승은 솔
선하여 사사로움과 싸워 이기면서 제자를 격려하고 제자는 스
승의 본보기를 따라 도를 더욱 사랑한다.

27장 善行無轍迹

2장 前後相隨

或歔或吹 부자와 빈자. 부자는 재물의 힘으로 더욱 부유해
지고 빈자는 힘이 없으니 더욱 가난해진다.

或强或羸 스승과 제자. 스승은 제자의 봉양을 받아 더욱 학
문에 정진하므로 더욱 강해지고, 제자는 스승을 봉양하느라
자신을 돌보지 못하므로 더욱 불쌍한 처지가 된다.

或挫或隳 왕과 신하. 왕은 화려한 겉치레로 권위를 과시해
야 하는데 여기에는 큰 비용이 필요하므로 유능한 인재를 채
용하여 백성을 효과적으로 수탈한다. 높은 신하는 왕만은 못
하더라도 어느 정도의 권위를 과시해야 하므로 다시 아랫사람

을 채용하여 백성을 수탈한다. 이런 식으로 권력의 피라미드가 계속 팽창함에 따라 백성은 피폐해질 수밖에 없다. 결국 왕의 권력은 제풀에 꺾이고 왕을 떠받치던 관료조직은 무너지고 만다.

　지혜로운 스승을 자처하는 선비들이 재물, 명예, 권력에 눈이 가려서 이렇게도 뻔한 일을 보지 못한다. 이 때문에 성인은 그들이 집착하는 세 가지를 멀리한다. 去甚, 去奢, 去泰는 각각 28장의 不離, 不忒, 乃足과 호응한다.

30장

以道佐人主者 不以兵强天下 其事好還

師之所處 荊棘生焉 大軍之後 必有凶年

善者果而已 不敢以取强

果而勿矜 果而勿伐 果而勿驕 果而不得已 果而勿强

物壯則老 是謂不道 不道早已

도로써 임금을 보필하는 사람은 힘으로 천하를 강제하지 않으며, 그 일을 (마치면) 돌아오기를 좋아한다. 군사가 가는 곳은 가시나무가 돋고, 대군이 지나가면 반드시 흉년이 든다. (전쟁을) 잘하는 자는 이기면 (전투를) 멈추고, 감히 (상대를) 강제로 취하지 않는다. 이기더라도 (자신을) 높이지 않고, 이기더라도 (공로를) 자랑하지 않고, 이기더라도 우쭐거리지 않고, 이기더라도 마지못해 하고, 이기더라도 강해지지 않는다. 만물은 장성하면 늙으니 이는 도를 따르지 않는 것이며, 도를 따르지 않으면 일찍 죽는다.

佐(좌) 보필하다   荊(형) 가시나무   棘(극) 가시

果(과) 해내다   已(이) 죽다

人主는 임금의 별칭이다. 그런데 성인이야말로 사람의 신적인 본성을 살려서 완성시키는 진정한 人主이다. 성인은 도의 보필을 받아서 人主의 역할을 수행한다. 신하가 임금을 보필하듯이, 도는 성인의 모든 사정을 고려하여 필요한 도움을

제공한다.˚

兵은 학문과 襲明을 동시에 가리킨다. 7장에서 身과 私를 동어이의로 활용한 것과 같은 수법이다. 학문은 사람을 죽이면서 사사로움을 살리는 무기이며, 습명은 사사로움을 죽이면서 사람을 살리는 무기이다. 따라서 학문과 습명은 양립할 수

없다.˚ 強은 권력을 지시한다.˚ 성인은 백성에게 지혜를 가르친다는 구실로 권력을 휘두르지 않는다. 누구든지 스스로 무지무욕을 실천하여 습명을 얻을 수 있기 때문이다. 其事는 무위의 애민치국이며, 好還은 사사로움의 유혹을 물리치고 도에

머무는 것이다.˚

師에는 군대와 스승, 두 가지의 뜻이 들어 있다. 노자는 이를 교묘히 활용하여 전쟁을 말하는 것처럼 보이면서 사실은 참된 스승의 길을 말하고 있다. 荊棘은 백성의 조롱과 반대이

다. 애민치국을 수행하는 스승은 가시밭길을 가야만 한다.˚ 천하백성은 사사로움을 생명으로, 학문을 지혜로 착각하기 때문에 성인의 말을 잘 알아듣지 못할 뿐만 아니라 성인이 자신을 반대하고 모욕하는 것으로 오해한다.

大軍은 스승이 가시밭길을 마다하고 사사로움과 학문에 영

합하는 것이다.˚ 이때 스승은 죽음을 생명으로, 어리석음을 지혜로 포장하여 백성을 즐겁게 해준다. 백성은 마음에 드는 스승에게 기꺼이 돈을 내면서 무리를 지어 추종한다. 이것은 말할 것도 없이 자타공멸의 길이다. 凶年은 사람의 생명을 건지

지 못한 것이다.

果는 성인과 백성이 스승과 제자의 관계를 맺는 사건이다. 27장 要妙
이제부터 성인은 제자에게 모든 도움을 주되 감히 제자를 권
력으로 지배하지는 않는다. 제자도 스승과 마찬가지로 직접 9장 功遂身退
10장 長而不宰
도의 보필을 받을 것이기 때문이다.

勿물에는 不과 비슷한 부정否定의 뜻에 금지禁止의 뜻이 부가되
어 있다. 勿이 연속으로 다섯 번이나 사용되어 성인이 겪는 유
혹의 상황을 날카롭게 부각시킨다. 사는 길보다 죽는 길이 더
매력적으로 보이기 때문에 정신을 바짝 차려야만 한다.

果而勿矜 스승과 제자는 각자의 삶에 충실할 뿐이므로 성인
은 자신을 제자보다 높이지는 않는다. 22장 不自矜故長
24장 自矜者不長

果而勿伐 스승과 제자는 각자가 마땅히 해야 할 일을 하고
있으므로 성인은 특별히 자신의 공로를 자랑하지는 않는다. 22장 不自伐故有功
24장 自伐者無功

果而勿驕 성인은 늘 지혜가 부족하다는 것을 인정하고 무지
무욕을 실천하되 감히 지혜로운 스승을 자처하며 우쭐거리지
않는다. 9장 富貴而驕 自遺其咎

果而不得已 성인은 모욕과 고통을 겪는 것이 내키지 않지만
무조건적인 사랑의 충동에 떠밀려서 마지못해 애민치국을 수
행한다. 백성을 사랑하고 싶어서 안달이 난다면 그것은 거짓

사랑이고, 내키지 않지만 마지못해 백성을 사랑한다면 그것은 참된 사랑이다! 여기에는 실로 깊은 뜻이 함축되어 있다.

果而勿强 많은 추종자가 생기고 돈이 쌓이고 사업이 확장되면 스승은 저절로 권좌에 오르게 된다. 이것은 물론 자타공멸의 길이다. 성인은 권력을 잡지도 않고 권력자를 추종하지도 않는다.

29장 或挫或隳 사람이 권좌에 올라 세력을 키우고 부패하고 몰락하는 것은 만물의 법칙에 속하되 사람의 도는 아니다. 사람이 도를 따르지 않으면 육신의 생명이 살아있더라도 이미 죽은 것이다. 사람은 신적인 자유를 누려야만 하는 존재인데 겨우 동물적인 삶을 영위하고 있다면 도저히 살아있다고 말할 수 없다.

31장

夫佳兵者 不祥之器 物或惡之 故有道者不處

君子居則貴左 用兵則貴右

兵者 不祥之器 非君子之器 不得已而用之 恬淡爲上

勝而不美而美之者 是樂殺人 夫樂殺人者 則不可以得志於天下矣

吉事尙左 凶事尙右

偏將軍居左 上將軍居右 言以喪禮處之

殺人之衆 以哀悲泣之 戰勝以喪禮處之

저 아름다운 무기라는 것은 상서롭지 못한 도구로서 만물이 다 그것을 미워하므로 도가 있는 자는 (그에) 몸담지 않는다. 군자는 (재야에) 머물 때에는 왼쪽을 귀하게 여기고, (왕에게 등용되어) 군사를 부릴 때에는 오른쪽을 귀하게 여긴다. 무기라는 것은 상서롭지 못한 도구이고 군자의 도구가 아니어서, 마지못해 그것을 쓰게 되더라도 조용하고 맑은 것을 위로 친다. (적을) 이기더라도 (그 공로는) 아름답지 않은데, 그것을 아름답게 여긴다면 이는 살인을 즐기는 것이라, 무릇 살인을 즐기는 자는 천하에 뜻을 얻을 수 없다. 길한 일에는 왼쪽을 떠받들고, 흉한 일에는 오른쪽을 떠받든다. 편장군은 왼쪽에 자리 잡고 상장군은 오른쪽에 자리 잡는데, 말하자면, (전쟁에서는) 상례를 따라 처신하는 것이다. 사람을 죽인 무리는 (죽은 자들을 위해) 슬픔과 동정으로 눈물을 흘리기 마련이니, 전쟁에서 (적을) 이기더라도 상례를 따라 처신한다.

恬(염) 조용하다   淡(담) 맑다   尙(상) 떠받들다

佳兵은 학문을 가리킨다. 학문은 미와 선을 추구하므로 아름답다. 祥은 점사에 쓰이는 용어로서 화와 복이라는 상반된 의미가 들어 있다. 예언이 틀리는 상황을 미리 대비하는 점술사의 교활한 책략을 엿볼 수 있다. 지금의 不祥은 죽음을 지시한다. 物或惡之 故有道者不處는 24장을 참조하라.

君子는 임금君의 하수인手이라는 뜻이다. 居는 재야에 머무는 것이며, 用兵은 왕에게 등용되어 경륜을 펼치는 것이다. 左와 右는 왼손과 오른손을 빗대어 무능한 것과 유능한 것을 가리킨다.

군자가 재야에 머물 때에는 고차원적인 지혜를 연구하는 데에 전념한다. 이때 군자는 자신의 무능함을 귀하게 여겨서 의식주를 포함하는 일상적인 것들은 아랫사람들의 보살핌을 받는다. 군자가 왕에게 등용되면 자신은 왕의 측근에서 큰 경륜을 펼치고 정책을 직접 시행하는 자질구레한 일은 아랫사람들에게 맡긴다. 이때 군자는 자신의 유능함을 귀하게 여겨서 안전하고 편한 집무실과 함께 온갖 물적, 인적 편의를 제공받는다.

兵者는 襲明이다. 앞서 학문을 不祥之器라고 하였는데 습명도 역시 不祥之器이다. 권력을 사랑하는 군자가 보기에 그렇다는 말이다. 습명은 정권을 잡는 요령은 알려주지 않고 사람을 헛고생만 시키는 그야말로 재수 없는 물건이다. 사실 성인이 애민치국을 수행하는 것도 무슨 이익을 보려는 것이 아니

라 사랑의 충동을 못 이겨서 마지못해 하는 일이다.˘ 恬淡은 30장 果而不得已
명예와 재물에 초연한 것이다.

勝은 백성이 사사로움을 이기고 도를 사랑하기로 결심한 사
건이다. 그런데 도는 추와 악을 포용하므로 아름답지 않다. 만
일 승리가 아름답게 여겨진다면 백성이 사사로움을 버린 것이
아니라 스승이 사사로움에 굴복한 것이고, 이것은 스승과 제
자가 공멸하는 사건이다.

夫樂殺人者는 위의 夫佳兵者, 저 멀리 3장 夫智者와 연결된
다. 한편 樂를 통하여 23장 同於失者 失亦樂得之와도 연결된
다. 사람이 없이는 천하도 있을 수 없으므로 사람을 죽이면서
천하를 취하는 것은 불가능하다.

吉事는 사람을 살리는 일이며 凶事는 사람을 죽이는 일이
다. 각각 성인과 군자의 애민치국을 가리킨다. 左와 右는 각각
제자와 스승이다. 말하자면, 제자는 도에 미숙한 왼손이며 스
승은 도에 능숙한 오른손이다.

도에 능숙한 성인은 미숙한 제자를 떠받들어서 자신처럼 도
에 능숙한 스승으로 높인다. 스승과 제자는 서로 사랑하면서
생명을 완성한다.˘ 27장 要妙

도에 능숙한 군자는 미숙한 제자가 자신을 떠받들도록 강요
한다. 미숙한 제자는 스승을 봉양하느라 재물과 정력을 소모

하여 더 미숙해지고 스승은 제자에게 물적, 인적으로 봉양을 받아서 더 능숙해진다. 스승과 제자는 사사로움에 눈이 멀어 27장 雖智大迷 인생의 의미를 알지도 못하고 죽어간다.[•]

偏將軍은 제자, 上將軍은 스승이며 左는 불편한 자리, 右는 편한 자리이다. 스승이 정권을 잡으려면 품위 있는 처신으로 사회 지도층이나 고위 권력자와 친분을 맺어야 하며 제자들은 물적, 인적으로 스승을 뒷받침해야 한다. 스승의 권위가 높아질수록 제자들은 더 많아지고 스승은 더 많은 제자들의 봉양을 받아 권위가 더 높아진다. 제자들은 서로 스승에게 잘 보이려고 불편한 자리를 기꺼이 감수하면서도 감히 불만을 토로하기는커녕 스승에게 행복한 미소를 보여주기 위하여 안간힘을 쓴다. 스승에게 잘 못 보이면 더 불편한 자리로 밀려날 것이기 때문이다.

言은 군자의 말재주가 능숙함을 지적하며, 喪禮는 학문에 내재하는 적자생존의 원리를 드러낸다. 군자의 주장인즉, 정권을 잡는 일은 생사를 건 일생일대의 사업이니 평범한 일상사를 처리할 때와는 다른 비장한 각오가 있어야만 한다. 적수들을 굴복시켜야만 목표를 달성할 수 있는데 적수들도 똑같이 상대방을 굴복시키려고 하므로 어느 편이나 희생을 감수할 수밖에 없다. 가장 우두머리인 스승이 쓰러지면 학파 전체가 사라질 것이므로 스승은 최후까지 안전한 보루에 남아 작전을 지휘해야 한다. 군자는 대충 이런 식으로 스승의 권위를 정당화한다.

戰勝은 정적을 이기고 출세에 성공한 것이다. 성공한 군자는 피아간에 승리한 자들만 모인 것을 보게 된다. 패배자는 눈에 띄지 않는데, 그들 중에는 목숨을 잃은 자도 있고 비천한 처지로 전락한 자도 있으며 앙앙불락 권토중래를 노리는 자도 있다. 승리자들은 비통한 심정으로 함께 권력의 즐거움을 누리지 못하는 패배자들을 위하여 눈물을 흘린다.

哀는 귀중한 것을 잃은 감정이며, 悲는 불행한 자에 대한 동정이다. 사람은 자신과 가까운 사람이 죽었을 때에 큰 슬픔을 느끼지만 정작 자신이 죽었을 때에는 슬퍼할 수가 없다. 그래서 동류의 죽음에 앞으로 당도할 자신의 죽음을 투사投射한다. 이 때문에 이중적인 감정이 생기는 것이다. 哀는 다가올 자신의 죽음에 대한 슬픔이며, 悲는 동류를 죽이고 살아남은 것에 대한 죄책감이다. 패배자를 위한 슬픔은 자아의 상실과 잔존殘存이라는 모순된 상황을 반영한다. 잃어버린 것은 참된 자아이며 살아남은 것은 거짓 자아이다. 군자는 남을 죽이고 살아남았건만 사실은 전쟁을 치르기 전부터 이미 죽어 있다. 그러므로 군자는 뜻을 이루고 나서도 상례를 치른다.

노자는 凶事에 대해서만 언급하고 吉事는 독자에게 일임한다. 세상에서 흔히 볼 수 있는 凶事의 어리석음을 피하기만 하면 吉事는 저절로 이루어질 것이다.

32장

道常無名 樸雖小 天下莫能臣也

侯王若能守之 萬物將自賓

天地相合以降甘露 民莫之令而自均

始制有名 名亦旣有 夫亦將知止 知止可以不殆

譬道之在天下 猶川谷之於江海

> 도는 통상 드러나지 않는다. 통나무는 비록 작으나 천하의 누구도 (그것을) 굴복시킬 수 없다. 후왕이 그것을 지킬 수 있다면 만물이 스스로 (그에게) 올 것이다. 천지가 서로 마주쳐서 단 이슬을 내리는데, 백성은 시키지 않아도 스스로 (그것을) 고루 나눈다. (통나무를) 다듬으면 이름을 지니는데, (통나무가) 이름을 지녔다면 모름지기 그칠 줄을 알 것이니, 그칠 줄 알면 그로써 위태롭지 않다. 도가 천하에 있는 것은 마치 냇물과 골짜기가 강과 바다로 가는 것과도 같다.

臣(신) 굴복시키다   賓(빈) 오다   始(시) …하면   均(균) 고르다

5장 聖人不仁
以百姓爲芻狗
도가 세상에 드러나지 않듯이 성인도 세상에 드러나지 않는다. 즉, 성인은 도의 친구라는 영예로 만족하므로 따로 백성이 주는 명예를 원하지 않는다.ᵛ

15장 敎兮其若樸
樸은 도의 친구이며ᵛ, 小는 '사사로움이 없는 작은 사람'으로서 현을 지시한다. 도의 친구는 사사로움이 없으므로 남과

다투지 않으며, 따라서 천하의 어느 누구도 그를 굴복시킬 수 없다. 서로 다투는 관계에 있어야만 서로 굴복시키고 굴복하는 일이 일어날 수 있다.

주나라에는 귀족에게 公侯伯子男의 작위醉他를 부여하는 제도가 있었는데, 그들 중에서 봉토를 하사받은 귀족을 일괄적으로 侯라고 하였다. 諸侯는 侯의 복수형이다. 제후를 비공식적으로 公으로 높여 부르던 습관이 굳어져서 나중에는 公이 제후의 정식 칭호가 되었다. 이상을 고려하면 천자의 칭호는 王이고 제후의 칭호는 公이다. 侯王이라는 칭호는 제도에도 없고 사용된 적도 없다. 그런데 전국시대로 접어들면서 주 왕실은 제후만도 못한 세력으로 축소되고 이른바 전국칠웅이라 불리는 일곱 제후가 왕을 자칭하면서 천하통일을 다투기 시작한다. 그러면서도 그들은 주가 멸망할 때까지는 형식적으로나마 주 왕실의 존재를 인정하였다. 侯王은 왕을 참칭僣稱한 제후들을 빗대어 노자가 고안한 단어이다. 侯王은 왕이 임명한 왕이란 뜻이 되어 그 자체로 불법성을 드러낸다.

그런데 본문의 후왕은 성인의 별칭이다. 도는 성인을 왕으로 임명하여 천하를 맡겼으며 성인은 도의 뜻에 따라 천하를 다스린다.◞ 그러므로 성인이야말로 합법적이고도 유능한 후왕 _{25장 王亦大}이다. '지킬 수 있다면'은 지키지 못할 수도 있음을 시사한다. 후왕이 학문에 굴복하여 습명을 잃으면 도와 뜻이 통하는 친구가 될 수 없고 후왕의 신분도 박탈된다.

賓은 만물이 반가운 소식을 전하는 손님처럼 다가오는 것이다. 후왕은 삶의 현실을 하나도 빠짐없이 애민치국에 활용한다.

天地의 天은 도이며, 地는 후왕이다. (天은 성인이 도를 만나는 장소로서 도의 별칭이 된다. 왕이나 귀족이 머무는 집을 그의 칭호로 삼는 것과 같은 이치이다.) 相合은 도와 후왕이 서로 소통하는 사건으로서 무지무욕을 가리킨다. 甘露는 기이며 사랑이다. 후왕은 언제 어디서나 모든 사람을 사랑하고, 백성은 누구나 원하는 만큼 후왕의 사랑을 받아들인다.

후왕으로서는 이제 할 일을 다 한 셈이다. 그런데 천하백성은 생명의 귀중함을 모르고 후왕의 말 없는 가르침에 귀를 기울이지 않는다. 이에 후왕은 사랑의 충동에 떠밀려서 백성의 눈높이를 맞추기 위해 그들의 삶으로 다가갈 수밖에 없다. 그 19장 見素抱樸 리하여 도의 친구(=無名)는 백성의 친구(=有名)가 된다.˚ 이것은 마치 통나무를 다듬어서 속이 드러난 것과도 같다.

知止는 백성을 사랑하되 명예를 사랑하지 않는 것이다. 후왕은 습명을 따라 천하로 내려갔으므로 습명의 힘으로 그치는 것도 잘 알 것이다. 후왕이 그치는 것을 망각하면 세상에 '너무' 드러나면서 명예를 추구하게 된다. 이것은 물론 자타공멸의 길이다.

川谷은 도와 후왕의 사랑이다. 보이지 않는 도가 후왕에게 기를 부어주고 있으므로(川) 후왕에게는 천하백성에 대한 사랑

이 넘쳐흐른다(谷). 여기까지 도는 無名이다.1장 無名天地之始

　江海는 후왕과 천하백성의 사랑이다. 후왕을 통하여 도가 천하에 드러나 있건만 천하백성은 사사로움에 눈이 가려서 후왕을 알아보지 못한다. 그리하여 후왕은 내키지 않는 것을 무릅쓰고 그들의 삶으로 뒤섞여 들어간다.15장 混兮其若濁 이것은 마치 강의 민물이 바다의 짠물로 흘러들어가서 물고기들에게 활력을 불어넣는 것과도 같다. 이때 후왕은 有名의 도이다.2장 有名萬物之母

　만일 강물이 바다로 흘러들어 가지 않거나, 흘러들어 가더라도 즉시 바닷물과 동화된다면 바닷물은 계속 똑같은 짠물로 남아있으면서 아무런 변화가 일어나지 않을 것이다. 강물이 바다로 흘러들어 가서 바닷물 속에서도 여전히 민물로 남아있기 때문에 짠물에서 죽음의 고통에 시달리는 물고기들에게 생명을 줄 수 있다. 이처럼 후왕은 천하백성에게 일방적으로 기를 부어주기만 한다. 후왕은 사랑하다가 그칠 줄 알기 때문에, 즉, 사람을 사랑하되 명예를 사랑하지 않기 때문에 자신의 생명을 보전하면서 천하백성의 생명을 살린다.

33장

知人者智 自知者明 勝人者有力 自勝者强

知足者富 强行者有志 不失其所者久 死而不亡者壽

남을 아는 사람은 지혜롭고 자신을 아는 사람은 밝다. 남을 이기는 사람은 힘이 있고 자신을 이기는 사람은 강하다. 만족할 줄 아는 사람은 부유하고 밀어붙이는 사람은 뜻이 있다. 주어진 것을 잃지 않는 사람은 늙지 않고 죽어도 사라지지 않는 사람은 오래 산다.

학문에 의지하는 스승은 자신을 돌아보지 않으면서 남을 안다고 주장하지만, 자신을 모르는 사람이 남을 제대로 알 수는 없다. 그는 제자들과 더불어 멸망의 구렁텅이로 돌진한다. / 후왕은 자신이 신이라는 것을 알고 그에 근거하여 남들도 신이 28장 知其雄 될 수 있다는 것을 안다.˘ 그는 제자들과 더불어 생명을 얻는다.

남을 이기고 권력을 잡은 스승은 동물적인 힘이 있다. / 사사로움과 학문의 유혹을 이기고 참된 생명의 길을 지키는 스 10장 明白四達 승은˘ 사랑의 힘이 강하다.

28장 常德乃足 애민치국을 수행하면서 그 자체로 만족하는 스승은˘ 도의 친구라는 명예로 마음이 부유하다. / 고집스럽게 학문을 고집하는 스승은 권력에 뜻이 있다.

후왕은 주어지는 삶의 현실을 모두 수용하여 현의 운동으로 활용하므로 도와 더불어 늙지 않는다." / 후왕은 신이므로 죽 ^{16장 道乃久} 지 않는다." 육신의 죽음을 이기고 살아남아야만 진정으로 오 ^{6장 谷神不死} 래 산다고 말할 수 있다. 아무리 오래 살더라도 육신의 죽음과 함께 자아가 소멸된다면 오래 산 것도 아무 소용이 없다.

34장

大道氾兮 其可左右

萬物恃之而生而不辭 功成不名有

衣養萬物而不爲主 常無欲 可名於小

萬物歸焉而不爲主 可名爲大

以其終不自爲大 故能成其大

> 큰 도는 배가 떠다니는 것 같아서 왼쪽으로도 오른쪽으로도 갈 수 있다.
> 만물이 그에 의지하여 사는데 (후왕은) 거절하지 않으며, 공을 이루어도
> 명예를 취하지 않는다. (후왕은) 만물을 입히고 먹이는데도 주인 노릇
> 하지 않으며, 늘 원하는 것이 없으므로 (그의 공로는) 작은 것에서 드러
> 난다. 만물이 (그에게) 돌아가고 있음에도 주인 노릇 하지 않으니 크다
> 고 일컬을 수 있지만, 그는 끝끝내 자신을 크게 여기지 않으니, 그러므로
> 그 큼을 이룬다.

18장 大道廢 有仁義   大道는 도와 일치하여 일하는 후왕을 가리킨다.[*] 배가 바람
을 타고 바다를 이리저리 떠다니는 것처럼, 후왕은 사랑의 충
31장 不得已而用之   동에 떠밀려서[*] 선인과 악인을 가리지 않고 모든 사람을 사랑
한다. 左右는 악인과 선인이다. 악인은 도에 서툰 사람이며 선
인은 도에 익숙한 사람이다. 27장과 31장을 참조하라.

    萬物恃之而生而不辭는 2장 萬物作焉而不辭와 대구를 이룬

다. 후왕으로 말미암아 만물이 존재가치를 드러내는데 후왕은 힘들이지 않고 이를 애민치국에 활용한다. 후왕은 천하백성을 살리는 공로를 세우고 있음에도 불구하고 명예를 취하지 않는다.

衣는 궂은일도 적극적으로 활용하는 것이며, 養은 일상적인 일들이 의미심장한 사건으로 변화하는 것이다. 애민치국의 지혜가 거듭 새로워지고 있음에도 불구하고 후왕은 권력을 취하지 않는다. 主는 권력자를 뜻한다. 그러므로 후왕의 공로는 일상적인 작은 일에서 드러난다. 無欲은 도의 친구의 영예로 만족하는 것이며, 小는 '작은 일을 하는 사람'으로서 현을 지시한다.” 말하자면, 후왕은 작은 일을 하는 작은 사람이다. 32장 樸雖小

萬物歸焉은 다시 2장 萬物作焉과 대구를 이루어 사랑의 충동이 사사로움을 압도하고 있음을 해학적으로 표현한다. 만물이 슬그머니 후왕의 집으로 들어와서 그를 의지하여 살아나더니, 후왕이 만물을 입혀주고 먹여주니까, 이제는 만물이 후왕에게 아예 자신을 책임져 달라고 떼를 쓰는 격이다. 만물이 반가운 소식을 가져오는 손님”에서 주인을 귀찮게 하는 손님으로 돌변한 상황이다! 후왕은 부득이 투쟁과 죽음이 난무하는 혼탁한 천하로 뒤섞여 들어간다.” 32장 萬物將自賓

15장 混兮其若濁
32장 始制有名

희생을 무릅쓰고 천하백성을 사랑하는 후왕은 위대하다고 할 수밖에 없다. 그런데 그 위대함은 도에서 내려오는 습명으로 말미암은 것이다. 후왕은 자신이 도 앞에서 터무니없이 작

은 존재라는 것을 잘 알고 늘 지혜에 목마르다. 이 때문에 그
는 무지무욕으로 끊임없이 자신을 부정함으로써 거듭 위대한
사랑을 실천한다.˹

能成其大는 7장 能成其私와 대구를 이룬다. 私는 현이며 大
는 애민치국이다. 오직 살아있는 사람만이 남을 사랑할 수 있다.

35장

執大象 天下往 往而不害 安平太

樂與餌 過客止 道之出口 淡乎其無味

視之不足見 聽之不足聞 用之不足旣

> (후왕은) 대상을 쥐고 있으므로 천하가 (제풀로) 가며, 제풀로 가면서 (후왕을) 해치지 않으므로 편안하고, 평화롭고, 크게 어우러진다. 음악과 맛난 음식에 (끌려서) 길손들이 멈추는데, 도가 나오는 입은 해맑아서 아무 맛도 없다. (후왕의 가르침은) 보아도 볼만하지 않고, 들어도 들을만하지 않고, 써도 흡족하지 않다.

餌(이) 음식   旣(기) 흡족하다

執大象˚은 도와 사람에 대한 믿음˚이며 天下往은 애민치국이다. 14장 執古之道 以御今之有에서 道를 고삐, 有를 말에 비유한 것과 같은 구조이다. 천하백성은 사사로움을 쫓아 이합집산을 거듭하느라 한시도 조용할 틈이 없지만 후왕은 그 혼란의 소용돌이 속에 고요히 머물며 모든 사람에게 모든 것을 베푼다. 이리하여 천하는 생명으로 약동한다.

4장 象帝之先
21장 惚兮恍兮 其中有象
17장/23장
信不足焉 有不信焉

후왕은 남과 다투지 않으므로 천하의 누구도 후왕을 해치지 못한다. 그리하여 후왕은 세상의 조롱과 반대를 무릅쓰고 도를 증언한다. 사람이 살 길은 오직 도뿐이다. 安은 생명을 누리면서 안심하는 것이며˚, 平은 생명을 천하백성과 고루 나누는 것이며˚, 太는 후왕과 천하와 만물이 크게 어우러지는 것이다.˚

樂與餌는 명예와 재물을 비유한다. 사람은 이 세상을 여행하는 길손이다.˚ 길손이 풍악과 진수성찬이 어우러진 잔칫집을 발견하고 거기에 눌러앉아 엉덩이춤을 춘다면 동네 사람들의 빈축을 살 것이다. 그 잔치는 분명 길손을 위한 것이 아니기 때문이다. 명예와 재물을 밝히는 스승은 바로 이 눈치 없는 길손과도 같다. 백성의 스승이라면 무엇보다도 먼저 자신의 처지를 똑바로 알아야 한다.

道之出口는 사랑을 말하는 입이며 후왕의 삶 자체이다.˚ 후왕이 도의 잔치판을 벌여 놓았으므로 길손들은 누구나 와서 지혜의 목소리를 듣고 생명의 음식을 먹으며 홀가분하게 여행을 즐긴다. 그런데 이 잔치에는 명예와 재물이 없어서˚ 사사로움을 쫓는 사람들에게는 무미건조하게 보인다.

후왕은 행동으로 천하백성을 사랑하고, 하늘의 지혜를 말하고, 신적인 자아의 깨달음을 주는 도를 증언하건만 작고 소박한 후왕의 풍모는 보잘것없고, 사사로움을 버리고 무위를 실천하라는 후왕의 말은 귀에 거슬리고, 후왕이 권유하는 자아의 깨달음은 욕구를 채우기에 부족하다. 후왕과 천하백성은 같은 세상을 살면서도 전혀 다른 길을 가고 있다.

36장

將欲歙之 必固張之 將欲弱之 必固强之

將欲廢之 必固興之 將欲奪之 必固與之

是謂微明 柔弱勝剛强

魚不可脫於淵 國之利器不可以示人

그것을 움츠리게 하려면 반드시 그것을 한결같이 펴고, 그것을 약하게 하려면 반드시 그것을 한결같이 강하게 하고, 그것을 없애려면 반드시 그것을 한결같이 북돋우고, 그것을 빼앗으려면 반드시 그것을 한결같이 보태준다. 이를 미명이라고 하니, 부드럽고 약한 것이 단단하고 강한 것을 이긴다. 물고기를 연못에서 꺼내면 안 되고, 나라의 보검을 남에게 보여주면 안 된다.

歙(흡) 움츠리다

여덟 개의 之는 각각 무엇을 가리키는가? 부정법의 극치라고 하겠다.

將欲歙之 必固張之 學과 信. 도에 대한 믿음으로 긴장이 풀리면서 세상사에 관하여 의견을 고집하지 않는다. 학문은 미와 선을 추구하므로 상대적인 타당성만을 지닌다.

將欲弱之 必固强之 私와 精. 신적인 생명력이 강화되면서 사

7장 非以其無私邪
故能成其私

사로움은 저절로 소멸된다.˝

33장 勝人者有力

將欲廢之 必固興之 力과 愛. 권력은 사람을 이기는 힘이며˝ 사랑은 사사로움을 이기는 힘이다. 천하백성에 대한 사랑이 불타오르면서 권력욕은 흔적도 없이 없어진다.

28장 知其榮 守其辱

將欲奪之 必固與之 名과 榮. 후왕은 도의 친구의 영예를 누리기 때문에 천하의 모욕을 기꺼이 받아들인다.˝

微明은 襲明과 함께 明의 별칭이다. 위 歙之, 弱之, 廢之, 奪之는 습명의 활동이며 張之, 强之, 興之, 與之는 미명의 활동이다. 미명은 무지무욕의 지혜, 도가 내려주는 지혜이며 습명은

32장 川谷之於江海

무위의 지혜, 천하백성을 사랑하는 지혜이다.˝ 습명이 빙산의 보이는 부분이라면 미명은 그것의 보이지 않는 몸체이다. 미

14장 搏之不得 名曰微

명은 너무나 커서 사람의 지혜로는 붙잡을 수가 없다.˝

10장 專氣致柔

- 柔(flexible) : 가변성, 개방성 – 무지의 덕˝
- 弱(weak) : 자신을 주장하지 않음 – 무욕의 덕
- 剛(hard) : 표면이 단단함 – 사사로움
- 强(strong) : 타자에 대한 우위를 주장함 – 권력

柔弱은 미명, 剛强은 욕정과 욕망이다. 전자는 신적인 지혜이며, 후자는 동물적인 본능이다. 신적인 지혜가 동물적인 본능을 이기는 것은 말할 것도 없다. 그러므로 후왕은 마음속에서 일어나는 의심에 굴복하지 않고 끈질기게 무지무욕을 실천

함으로써 미명을 강화한다.

魚는 습명이며, 淵은 무위의 애민치국이다.' 물고기가 연못 4장 淵兮似萬物之宗 속에서 살아 움직이는 것처럼, 습명은 성인의 삶 안에서 활동한다. 물고기를 연못에서 꺼내면 더 이상 살아있을 수 없듯이, 습명을 성인의 삶에서 분리하여 말로 설명하면 그것은 더 이상 살아있는 지혜가 아니다. 그러므로 누구든지 습명을 알고 싶은 사람은 스스로 무위를 실천하면서 그 활동을 감상하는 수밖에 없다.

춘추전국시대에는 보검을 화려하게 장식하여 왕권을 상징하는 國之利器로 삼아 잘 숨겨두는 일이 유행하였다. 왕의 주장인즉, 이 칼은 하늘이 하사한 것으로서 백성에게 함부로 보여주면 나라가 위태로워진다. 國之利器는 백성을 협박하는 도구에 불과하건만 졸지에 나라를 보호하는 神器로 둔갑한다. 國之利器를 실제로 사용하지는 않는다. 만일 그것을 만천하에 공개한다면 보통의 칼에 불과하다는 것이 들통 날 것이기 때문이다.

우선 國之利器는 학문을 가리킨다. 무지몽매한 백성은 나라를 다스리는 경륜을 배울 수 없고 오직 지혜로운 스승이 명령하는 대로 따라야 한다. 학문은 마치 칼처럼 백성의 어리석음과 허물을 약점으로 겨누고 그들을 지배한다.' 스승은 자신의 9장 持而盈之/揣而銳之 목숨도 챙기지 못하면서 스스로 지혜롭다고 착각하고, 백성은 자신이 도저히 미칠 수 없는 위대한 스승을 멀리서 바라보며 존경한다. 그리하여 학문은 스승과 백성을 동시에 죽인다.

그런데 미명은 명실상부한 國之利器이다. 미명은 후왕 자신

10장 愛民治國 의 사사로움을 잘라버림으로써 나라˹를 보호하는 도구이다. 후

왕은 미명을 백성에게 보여주고 싶어도 그럴 수가 없다. 미명

을 보려면 그것을 하늘로부터 직접 하사받는 방법밖에 없기 때

3장 常使民無知無欲 문이다. 그러므로 후왕은 백성에게 무지무욕을 권유한다.˹ 누

구든지 도를 사랑하는 사람은 미명을 얻어 후왕으로 임명된다.

37장

道常無爲而無不爲
侯王若能守之 萬物將自化
化而欲作 吾將鎭之以無名之樸
無名之樸 夫亦將無欲 不欲以靜 天下將自定

도는 늘 하는 일이 없으되 하지 않는 것이 없다. 후왕이 그것을 지킬 수 있다면 만물이 스스로 변화할 것이다. (만물이 스스로) 변화하는 중에 (내가) 일을 꾸미려 한다면, 나는 이름 없는 통나무로 그것을 진정시키 겠다. 이름 없는 통나무라면 모름지기 원하는 것이 없을 터이니, (나는 재물과 명예를) 원하지 않음으로써 고요해지고, 천하는 스스로 안정될 것이다.

道는 도의 아들인 성인을 가리킨다.¹ '하지 않는 것이 없다.' 를 바꾸어 말하면 '모든 것을 한다.'이다. 성인은 천하와 만물 을 완전하게 다스리므로 이렇게 말하는 것은 과장이 아니다.² 32장에도 侯王若能守之가 있는데 之가 樸에서 道로 바뀌어 있 다. 각각 습명과 미명을 지시한다.

萬物將自化는 32장 萬物將自賓과 대구를 이룬다. 賓은 도가 만물을 통하여 후왕을 돕는 것이며, 化는 후왕이 도를 믿고 만 물의 변화를 수용하는 것이다. 각각 습명과 미명의 활동이다.

34장 大道氾兮

36장 魚不可脫於淵

欲作은 2장 作焉과 대비된다. 만물이 스스로 변화하고 있음에도 불구하고 후왕에게 그에 저항하려는 충동이 일어난다. 예컨대, 불행한 사태에 앙앙불락한다든가, 악인의 허물을 탓한다든가, 또는 자신을 반대하는 사람과 논쟁하거나 그를 힘으로 복종시키려고 한다든가 등등의 갈등이 생길 수 있다. 이것은 지극히 정당한 반응처럼 보이지만 곰곰이 살펴보면 사사로움에 대한 향수가 일어난 것임을 알 수 있다.

사사로움에는 나름대로의 타당성이 있어서 이성적으로 대응하기에는 한계가 있다. 그렇다고 욕구를 억지로 눌러 참는다면 더 큰 부작용이 일어난다. 이때 후왕은 자신이 도의 친구라는 사실을 상기하고 무지의 덕을 발휘하여 미명을 구한다. ˇ 無名之樸은 사사로움이 없는 도의 친구이다. ˇ 夫亦將無欲은 32장 夫亦將知止와 호응한다. 知止는 사사로움을 물리치는 것이며 無欲은 사사로움이 소멸된 것이다.

無欲은 미명의 활동이며 不欲은 습명의 활동이다. 후왕은 욕구를 억지로 누르는 것이 아니라 무욕의 깨달음에 근거하여 욕구를 진정시킨다. 靜은 무에서 오는 평화이다. ˇ 이로써 후왕은 만물의 변화를 그대로 수용할 수 있게 되었다. 마음속에서 사사로움이 준동하면 천하가 혼란스럽게 보이기 마련이다. 이제 후왕이 자신을 다스리고 나니 만물은 다시 제자리를 잡아 스스로 변화한다. ˇ 이렇게 하여 후왕은 흔들림 없이 무위를 지킨다.

36장 柔弱勝剛强
32장 道常無名 樸雖小
16장 歸根曰靜
26장 靜爲躁君
33장 自勝者强

* * *

도덕경은 그 이유를 밝히지 않은 채 道經(1-37장)과 德經(38-81장)으로 나누어져 있다.

도를 실천하는 주체는 덕이고, 덕은 무지무욕과 무위의 두 부분으로 구별할 수 있다. 무지무욕은 도와 성인이 서로 사랑하는 활동이며 무위는 성인이 천하백성을 사랑하는 활동이다. 전자의 경우에는 도가, 후자의 경우에는 덕이 주도적인 역할을 한다.

아마도 도경의 주제는 무지무욕, 덕경의 주제는 무위의 애민치국이라는 것을 명시하는 의미에서 책을 두 부분으로 나누었을 것이다.

38장

上德不德 是以有德 下德不失德 是以無德

上德無爲而無以爲 下德爲之而有以爲

上仁爲之而無以爲 上義爲之而有以爲

上禮爲之而莫之應 則攘臂而扔之

故失道而後德 失德而後仁 失仁而後義 失義而後禮

夫禮者 忠信之薄而亂之首 前識者 道之華而愚之始

是以大丈夫 處其厚 不居其薄 處其實 不居其華 故去彼取此

상덕은 덕을 실천하지 않으니 이 때문에 덕이 있다. 하덕은 덕을 잃지 않으려고 하니 이 때문에 덕이 없다. 상덕은 하는 일이 없으니 무슨 까닭이 없으나, 하덕은 일부러 행동하므로 그 까닭이 있다. 상인은 일부러 행동하는데도 그 까닭이 없고, 상의는 일부러 행동하므로 그 까닭이 있다. 상례는 일부러 행동하는데, (상대방이) 그에 대응하지 않으면 팔을 걷어붙이고 그를 강제한다. 그러므로 도를 잃고 나면 덕이 생기고, 덕을 잃고 나면 인이 생기고, 인을 잃고 나면 의가 생기고, 의를 잃고 나면 예가 생긴다. 저 예라는 것은 충과 신이 엷으며 어지러움을 (일으키는) 우두머리이다. 미리 아는 것은 도의 꽃이며 어리석음의 시작이다. 이 때문에 대장부는 두터움에 몸담되 엷음에 머물지 않고, 열매에 몸담되 꽃에 머물지 않는다. 그러므로 (성인은) 저것을 버리고 이것을 취한다.

攘(양) 걷어붙이다　　臂(비) 팔뚝　　扔(잉) 끌어당기다

識(식) 알다

上德은 무위이다. 상덕은 자연의 본성을 따르므로 굳이 덕을 실천하려고 애쓰지 않으며, 이 때문에 애민치국의 공로를 세운다.

上德을 벗어나 下德이 되면 윤리규범을 만들어서 그것을 실천하려고 한다.⸳ 不失德은 윤리규범을 어기지 않으려고 해도 그럴 수 없음을 지적한다. 욕구를 끝까지 억누르는 것은 불가능하다. 下德은 사람의 자연을 훼손하므로⸳ 애민치국의 공로를 세우지 못한다.

18장 大道廢 有仁義

9장 揣而銳之 不可長保

上德은 무위자연을 누리는 일 자체가 목적이고 행위의 동기가 없다.

下德은 윤리규범을 어기지 않으려고 노력하는데, 거기에는 사사로움이라는 동기가 있다.

다음에는 하덕을 인, 의, 예의 세 단계로 나누어서 설명한다. 上仁, 上義, 上禮의 上은 해당 윤리규범을 최상으로 실현한 경지를 뜻한다.

仁은 상대방을 너그럽게 대하라는 윤리인데 사실상 이것은 강자의 권리에 속한다. 약자는 강자를 너그럽게 대할 여유가 없기 때문이다. 인을 가르치는 스승에게는 재물과 명예를 취하려는 동기가 있지만 본인은 동기가 없다고 '주장'한다. 인은 겉과 속이 다른 위선적 윤리이다.

義는 인의 위선을 벗어버리고 각자의 소유물을 공정하게 거래하자는 윤리이다. 의는 행동을 규제하면서 그 동기를 뚜렷하게 명시함으로써 하덕의 실체를 적나라하게 드러낸다. 그리하여 스승은 백성에게 지혜를 제공하고 백성은 스승에게 재물과 노역을 제공한다. 만물의 영장인 사람에게 있어서 지혜는 재물과 노역보다 고급의 소유물로 인정되므로 백성은 늘 스승에게 빚을 지고 있다. 그러므로 백성은 마땅히 스승을 존경하고 그에게 복종해야만 한다. 결국 의 또한 강자의 권리를 강화하는 윤리이다.

禮는 자신을 낮추고 남을 높이는 윤리이다. 이것도 되로 주고 말로 빼앗겠다는 강자의 계산에 근거한다. 만일 어느 무모한 백성이 스승의 겸양에 상응하여 백성다운 겸양을 실천하지 않으면 스승은 힘으로 겸양을 강요한다. 백성으로서는 알아서 처신하지 않으면 더 큰 손해를 보게 되므로 할 수 없이 스승에게 예를 다하여 굴종한다.

성인은 단순히 자연의 본성에 따라 도를 사랑하며, 천하백성을 사랑한다.

그런데 성인이 사사로움의 유혹에 흔들리면 자신도 모르게 덕을 의식하게 된다.˹ 행위의 동기가 발생하였기 때문에 덕이 윤리규범으로 변하고 있는 것이다. 성인은 사사로움이 없다고 주장하고 싶겠지만 그런 주장은 분명 타당하지 않다. 이것은 생사의 갈림길이어서 성인은 즉시 무지무욕으로 미명을 강화한다.˹

37장 化而欲作

36장 柔弱勝剛強

성인이 사사로움에 굴복하면 자신에게는 백성을 너그럽게 대하려는 의도가 있을 뿐이고 사사로움은 없다고 주장한다. 인이라는 윤리가 나타나는 순간 성인은 후왕의 지위를 박탈당하고 세상의 흔해 빠진 거짓 스승들 중 하나로 변신한다. 스승이 인을 실천하는 것은 그에 상응하여 재물과 명예를 얻을 수 있을 때까지만 지속된다. 아무 이유 없이 손해를 보는 사람은 없다.

스승이 재물과 명예를 얻는 데에 성공하면 이제 자신을 존경하지 않거나 재물을 바치지 않는 사람을 차별대우하기 시작한다. 그리하여 의라는 윤리가 나타나 행위의 동기를 분명하게 밝힌다. 스승에게 지혜를 배우면서도 그에 상응하는 대가를 지불하지 않는 백성은 양심이 불량한 악인으로 단죄받아야 한다.

스승이 더욱 성공하여 권력을 잡게 되면 예라는 윤리가 나타난다. 예는 행동거지, 교양, 의전, 의복, 예술, 건물 등을 활용하여 스승을 신격화한다. 예의 점잖은 행동은 무위처럼 보이며 행위의 동기도 없는 것처럼 능청스럽다. 스승은 백성에게 너그럽고 겸손하며, 백성은 위대하면서도 자애로운 스승 앞에서 몸 둘 바를 모른다. 예는 행위와 행위의 동기를 모두 은폐하므로 위선에 위선을 덧씌운 최악의 윤리이다.

夫禮者는 3장 夫智者, 31장 夫佳兵者/夫樂殺人者 등과 호응하여 학문을 지시한다. 예를 가르치는 스승은 자아를 상실하였으므로 자신에게 충실하지 못하며, 말과 행동이 일치하지 않으므로 백성에게 전혀 믿음직스럽지 못하다. 예는 천하에 혼란을 일으키는 원흉이면서도 평화를 가장하기 때문에 일반적인 악행보다 훨씬 더 고약하다.

前識者는 학문이다. 도를 벗어나 덕, 인, 의, 예로 내려갈수록 앞일을 더 멀리 예측하므로 짐짓 그만큼 더 지혜로워지는 것처럼 보인다. 그러나 사사로움은 죽음의 길이므로 가장 지혜롭다는 행동이 가장 어리석은 결과를 낳는다. 학문은 도를 표방하면서 꽃처럼 탐스러운 권력을 추구하므로 '도의 꽃'이다. 학문은 권력을 얻는 데에는 어느 정도 유용하지만 곧 닥쳐올 죽음 앞에서 무력하며 천하에 다툼과 혼란을 일으키기만 한다. 그러므로 학문으로 앞일을 예측하는 순간 어리석음이 시작된다.

大丈夫는 도 이외에 다른 것들은 신경 쓰지 않는 대범한 스승을 지칭한다.˘ 處는 자연의 본성을 따르는 것이며˘ 居는 공로에 머무는 것이다.˘

27장 善數不用籌策
2장 處無爲之事
2장 功成而不居

- 厚는 忠信之厚으로서 信을 가리킨다. 성인은 도와 사람을 믿는다.˘
- 薄은 忠信之薄으로서 學을 가리킨다.˘ 거짓 스승은 사사로움과 학문을 믿는다.˘
- 實은 精을 가리킨다. 성인은 무지무욕으로 신적인 생명을 열매 맺는다.

21장 其精甚眞 其中有信

18장 國家昏亂 有忠臣

17장/23장
信不足焉 有不信焉

- 華는 力을 가리킨다.¯ 거짓 스승은 화려한 권력에 눈이
  팔려 자타공멸에 빠진다.

12장에 이어 다시 去彼取此가 등장하였다. 성인은 저 멀리
권력을 추구하는 학문을 버리고 바로 여기에서 '나'의 자연을
따라 믿음을 취한다.

149

39장

昔之得一者

天得一以淸 地得一以寧 神得一以靈 谷得一以盈

萬物得一以生 侯王得一以爲天下貞 其致之一也

天無以淸 將恐裂 地無以寧 將恐發

神無以靈 將恐歇 谷無以盈 將恐竭

萬物無以生 將恐滅 侯王無以貴高 將恐蹶

故貴以賤爲本 高以下爲基

是以侯王自謂孤寡不穀 此非以賤爲本邪 非乎

故致數譽無譽 不欲琭琭如玉 珞珞如石

옛날에 하나를 얻은 것들이 있으니, 하늘은 하나를 얻어 맑고, 땅은 하나를 얻어 든든하고, 신은 하나를 얻어 신령하고, 골짜기는 하나를 얻어 가득차고, 만물은 하나를 얻어 살고, 후왕은 하나를 얻어 천하의 예언자가 된다. 이들이 도달하는 것은 하나다. 하늘을 맑게 하는 것이 없으면 찢어질 것이요, 땅을 든든하게 하는 것이 없으면 흩어질 것이요, 신을 신령하게 하는 것이 없으면 멎을 것이요, 골짜기를 채우는 것이 없으면 마를 것이요, 만물을 살리는 것이 없으면 사라질 것이요, 후왕을 귀하고 높게 하는 것이 없으면 넘어질 것이다. 그러므로 귀함은 천함을 뿌리로 하고, 높음은 낮음을 바탕으로 한다. 이 때문에 후왕은 외로운 자, 어리석은 자, 무능한 자를 자처하니, 이것은 (그가) 천함을 근본으로 삼는 것이 아닌가? 그렇지 않나? 그러므로 만약 (백성이 스승을) 서둘러 기리면 (오히려) 영예가 없으니, (후왕은) 옥처럼 예쁘지 않고 돌처럼 수더분하다.

歇(헐) 멎다　　竭(갈) 마르다　　蹶(궐) 넘어지다

値(치) 만약(if)　　數(삭) 빠르다　　譽(예) 기리다

琭(록) 구슬　　珞(력) 조약돌

昔은 古와 今의 중간으로서 성인을 지시한다. 말할 것도 없이 天, 地, 神, 谷, 萬物, 侯王 중에서 만물을 제외한 다섯은 모두 성인의 별칭이다. 성인과 만물이 얻는 것은 기이고 도달하는 곳은 도이다. 기는 모든 것을 통일하는 힘이므로 一이며, 도는 모든 것이므로 一이다. 성인은 기를 받아들임으로써 생명의 지혜를 품은 天地, 천하백성을 사랑하는 谷神, 만물을 살리는 侯王이 되어 도에게로 복귀한다. 이들 셋은 각각 28장의 嬰兒, 無極, 樸과 안팎으로 결합되어 있다.

14장 執古之道 以御今之有

14장 混而爲一

25장

天, 地, 神, 谷, 萬物, 侯王이 얻는 一은 모두 기인데, 이들을 구체적으로 적시하면 각각 精, 信, 微明, 襲明, 侯王, 樸이다.

- 天은 신적인 생명을 얻어 만족하므로 마음이 맑다.
- 地는 믿음을 얻어 마음이 든든하다.
- 神은 미명을 얻어 생명과 죽음, 참과 거짓에 통달한다. *10장 明白四達*
- 谷은 습명을 얻어 언제 어디서나 모든 사람을 사랑한다. *27장 常善救人故無棄人 常善救物故無棄物*
- 萬物은 후왕을 얻어 그 존재가치를 드러낸다. *34장 萬物歸焉*
- 侯王은 도의 친구의 영예를 얻어 천하에 도의 뜻을 알리는 예언자가 된다. *28장 復歸於樸*

은殷 왕조에서 점사占辭를 뽑아서 왕에게 보고하는 사람을 貞

人이라고 하였다. 예나 지금이나 학문의 한계를 넘어서는 영역은 미신의 몫이다. 侯王은 학문과 미신의 허구성을 폭로하면서 천하백성에게 하늘의 뜻을 알리는 참된 貞人이다. 필자는 貞人을 현대어에 맞추어 '예언자prophet'로 번역하였다.

天, 地, 神, 谷, 萬物, 侯王에게 기가 끊긴다면 모두 그 기능을 상실하는 것이 당연하다. 기를 얻었을 때에는 淸, 寧, 靈, 盈, 生, 貞 등 울려 퍼지는 소리 'ㅇ[ŋ]'으로 압운하고, 기가 끊겼을 때에는 裂, 發, 歇, 竭, 滅, 蹶 등 오그라드는 소리 'ㄹ[l]'로 압운한다. 마음을 툭 터놓고 기를 받아들이면 살고 옹졸한 마음으로 사사로움을 움켜쥐면 죽는다. 짓궂으면서도 준엄한 기법이다.

侯王의 경우 天下貞이 貴高로 바뀌어 있다. 侯王은 도가 낳은 아들이므로 귀하고, 도와 뜻이 통하는 친구이므로 높다. 侯王은 귀한 신분과 높은 지위를 차지하고 있기 때문에 천하백성을 위한 예언자 노릇을 할 수 있는 것이다. 신분과 지위에 관하여는 26장을 참조하라. 만일 侯王이 무지무욕을 게을리하여 도의 아들의 신분을 잃거나, 무위를 포기하여 도의 친구의 지위를 잃는다면 더 이상 예언자 노릇을 할 수 없다.

貴賤은 신분, 高下는 지위를 가리킨다. 사람에게 기가 끊기면 그저 욕구를 따라 생명을 영위하는 짐승의 신분으로 전락한다. 侯王은 이 사실을 잘 알기 때문에 늘 도를 사랑하며, 도는 겸손한 그를 아들로 삼아 신적인 생명을 아낌없이 준다. 후왕은 짐승의 비천한 신분을 근본으로 삼아 도의 아들이라는 귀한 신분을 얻는다.

또 후왕은 천하의 낮은 곳에서 모욕과 고통을 무릅쓰고 백성에게 도의 뜻을 알림으로써 도의 친구라는 영예를 얻는다.▸ 28장 知其榮 守其辱 후왕은 천하백성의 친구라는 낮은 지위를 기초로 삼아서 도의 친구라는 높은 지위를 차지한다.

왕과 제후는 孤寡不穀을 자칭함으로써 신하들에게 송구스러운 마음을 일으켜서 충성을 다그치며,▸ 결과적으로 자신을 38장 攘臂而扔之 더 높인다. 孤寡不穀이라는 칭호는 겉으로는 겸손하고 속마음은 오만한 권력자의 위선을 극명하게 보여준다.

그러나 후왕은 실제로 자신이 孤寡不穀의 처지에 있음을 알고 이를 그대로 인정한다. 그는 학문으로는 도저히 비참한 짐승의 처지를 벗어날 수 없기 때문에 스스로 외로운 자, 어리석은 자, 무능한 자임을 자처하면서 도의 지혜를 청한다. 도는 후왕의 겸손한 태도에 부응하여 그를 도의 아들, 천하백성의 스승, 만물을 다스리는 후왕으로 삼아 홀로 선 자, 지혜로운 자, 유능한 자▸로 격상시킨다.

25장 獨立不改
周行而不殆
可以爲天下母

앞서 후왕에 관하여 貴以賤爲本과 高以下爲基라는 두 가지 사실을 말하였는데 노자는 그중에서 賤을 지목하여 강조한다. 무지무욕이 무위에 우선하기 때문이다. 후왕은 겸손한 마음으로 도를 사랑하기 때문에 도의 사랑을 받는다.▸

10장 愛民治國能無知乎

31장 勝而不美

도는 사사로움을 버리는 일이므로 백성에게 환영받지 못한 다.' 만일 후왕이 백성의 마음에 들도록 도를 왜곡하여 말한다 면 그들은 후왕을 칭송하면서 한사코 도를 사랑하지 않을 것 이다. 후왕은 백성의 명예를 얻는 대가로 애민치국에 실패하 고, 도의 친구의 영예와 함께 후왕의 칭호를 박탈당할 것이다.

옥은 예쁘지만 상처 입거나 부서지기 쉬운데, 그럼에도 불 구하고 남에게 질투와 부러움을 자아낸다. 조약돌은 사람들의 눈길을 끌지 않지만 단단하고 실속이 있다. 후왕은 화려한 언 변과 겉치레로 명예를 얻으려고 하지 않고 겸손한 마음으로 도를 사랑할 뿐이다.

은 해서체로 貞에 해당하며 '(하늘에) 묻습니다.'로 해석된다.

40장

反者道之動 弱者道之用 天下萬物生於有 有生於無

> 돌아가는 것은 도의 운동이며, 약한 것은 도의 작용이다. 천하와 만물은
> 유에서 나오고, 유는 무에서 나온다.

    사람의 지혜는 학문과 미신을 통하여 천하와 만물로 끝없
이 확장된다. 성인은 이성적 판단력에 따라 학문과 미신의 허
구성을 깨닫고 참된 지혜를 찾아 도를 사랑하며, 도는 성인을
통하여 천하와 만물을 자신에게 되돌린다.

23장 德者同於德
25장 人法地
25장 遠曰反
39장 其致之一也

    도의 작용은 약하기 때문에 성인은 스스로 약하게 됨으로써
도와 일치한다. 성인은 자신을 이기고 천하와 만물을 완전하
게 다스리므로 참으로 강하다.

3장 弱其志 强其骨
33장 自勝者强

    성인이 아니라면 천하는 생존경쟁의 각축장이요 만물은 욕
구의 대상에 불과하다. 욕구는 허상이므로 욕구의 활동인 생
존경쟁도 허상이고 욕구의 대상으로서의 만물 또한 허상이다.
그러므로 성인이 나타나기 전에는 천하와 만물이 존재하지 않
았다! 성인이 有의 전체성인 象을 낳음으로써 비로소 천하는
신들을 낳고 기르는 밭이요 만물은 도가 천하백성을 부르는
연애편지라는 사실이 드러난다. 성인으로 말미암아 유가 유

4장 象帝之先
29장 天下神器
34장 萬物歸焉

답게 되었기 때문에 천하는 천하다워지고 만물은 만물다워진 것이다. 그러므로 천하와 만물은 유에서 나온다.

성인은 無의 운동으로 유의 존재의미를 더욱 풍성하게 드러 낸다.* 이로써 성인은 유가 무에서 나온다는 것을 안다. 오직 성인만이 이 말을 할 자격이 있다. 무에서 나온 자가 아니라면 무에 관하여 언급하는 것 자체가 무의미하다.

有生於無와 2장 有無相生은 논리상 어긋나지만 노자는 자 신이 겪은 깨달음을 그대로 말하고 있을 뿐이다. 굳이 대비하 자면, 有無相生은 도에 대한 믿음의 고백이며 有生於無는 도 에 대한 사랑의 고백이다.

14장 執古之道
以御今之有

156

41장

上士聞道 勤而行之 中士聞道 若存若亡 下士聞道 大笑之

不笑不足以爲道 故建言有之

明道若昧 進道若退 夷道若纇 上德若谷 太白若辱 廣德若不足

建德若偸 質眞若渝 大方無隅 大器晩成 大音希聲 大象無形

道隱無名 夫唯道善貸且成

상사가 도를 들으면 삼가 그것을 실천하며, 중사가 도를 들으면 (도가) 있기도 하고 없기도 하며, 하사가 도를 들으면 그것을 크게 비웃는다. (하사가) 비웃지 않는다면 그것을 도라고 할 수 없다. 그러므로 (상사가 중사와 하사에게 헌정하는) 사랑의 격언이 있다. 밝은 도는 어두운 것 같고, 나아가는 도는 물러나는 것 같고, 평탄한 도는 험난한 것 같다. 높은 덕은 골짜기와 같고, 크게 흰 것은 더러운 것 같고, 넓은 덕은 부족한 것 같다. 세우는 덕은 구차한 것 같고, 속속들이 참된 것은 바랜 것 같고, 큰 네모는 귀퉁이가 없다. 큰 그릇은 늦게 완성되고, 큰 소리는 잘 들리지 않고, 우주의 몸체는 모양이 없다. 도는 감추어져 드러나지 않으나, 무릇 도만이 흔쾌히 (백성에게 생명의 지혜를) 빌려주고 (애민치국의 공로를) 이룬다.

纇(뢰) 울퉁불퉁하다   辱(욕) 더럽다   偸(투) 구차하다

渝(투) 바래다

주나라 제도에는 귀족계급인 公, 卿, 大夫의 밑으로 上, 中,

下 세 계급의 선비가 있다. 물론 노자가 말하는 선비의 계급은 제도와는 무관하다. 聞道는 독자가 지금 도덕경을 읽고 있는 것이다. 그때나 지금이나 도덕경을 읽는 사람은 대체로 선비 계급에 속한다고 볼 수 있다.

상사는 도를 실천함으로써 도덕경의 비유를 알아들으며 이에 근거하여 천하백성에게 도를 권유한다. 도는 이론이 아닌 실천이다.

중사는 도덕경을 이론적으로 연구하고 도에 관한 말을 나누기를 좋아한다. 도에 관심이 있다는 점에서는 그를 칭찬할 만하므로 중급이다. 그러나 그는 도를 실천하지 않기 때문에 도를 조금도 알지 못한다. 중사는 말을 할 때에는 도가 있지만 행동할 때에는 도가 없다.

하사는 노골적으로 재물과 명예를 추구한다. 그런데 도덕경은 사사로움을 버리기를 권유하므로 그는 너무나 황당한 나머지 도를 크게 비웃는다. 그가 보기에 도는 인생을 포기하는 일이나 마찬가지이다. 누구든지 조금만 생각해보아도 사사로움이 헛되다는 것을 알 수 있음에도 불구하고 하사는 바로 그 사사로움으로 지혜의 눈이 가려져 있다. 그러므로 반드시 하사의 비웃음을 받아야만 도라고 불릴 자격이 있다.

하사는 성인을 비웃지만 성인은 하사를 비웃지 않는다. 성인은 그가 도를 비웃는 이유를 잘 알고 있다. 중사도 도를 모르기는 매한가지이다. 그는 도를 학문으로 오해하기 때문에 그의 속마음에서는 하사와 똑같이 사사로움이 맹활약하고 있다. 이에 노자는 중사와 하사에게 사랑의 격언을 헌정한다. 필자는 편의상 둘을 묶어서 하사로 칭하겠다. 建言은 '죽은 사람을 일으켜 세우는 말'이다.

明道若昧 성인은 微明으로 자신을 알고 세상에 통달하되 세상 물정에는 무심하다.˘ 학문으로 세상사를 연구하는 하사로 28장 知其白 守其黑 서는 온몸으로 무의 어둠을 탐색하는 성인이 어리석게 보일 것이다.

進道若退 무욕의 깨달음이 깊어질수록 사사로움이 소멸하므로 남과 경쟁하는 일에는 무관심하다.˘ 경쟁에 몰두하는 하 28장 知其雄 守其雌 사로서는 도가 위험천만한 길로 여겨질 것이다.

夷道若纇 성인은 자연의 신적인 자유를 누리므로 재물과 명예에는 초연하다. 하사의 눈에 성인은 욕구를 억누르면서 험난한 인생길을 가는 것처럼 보일 것이다.

上德若谷 상덕은 자신의 삶에 충실하면서 천하백성을 살린다.˘ 성인에게는 애민치국의 지혜가 넘쳐흐르고 있으나 하사 38장 上德不德 에게는 아무것도 없는 텅 빈 골짜기처럼 허황되게 여겨질 것이다.

太白若辱 太白˘은 襲明을 가리킨다. 미와 선을 추구하는 하 10장 明白四達 35장 安平太

사에게는 추와 악까지도 포용하는 성인이 얼룩덜룩하게 더럽혀진 것처럼 보일 것이다.

廣德若不足 성인은 아무 대가를 바라지 않고 언제 어디서나 모든 사람을 사랑한다. 사사로움을 주고받는 일에 익숙한 하사에게는 성인의 무조건적인 사랑이 못내 부족하게 보일 것이다.

31장 果而不得已 建德若偷 建德은 죽은 사람을 일으켜 세우는 덕, 곧 사랑이다. 성인은 사랑의 충동을 못 이겨서˚ 마치 구걸하는 것처럼 사람마다의 눈높이에 맞추어 도를 권유한다. 스승으로 떠받들리기를 좋아하는 하사로서는 자신을 낮추어 백성과 더불어 생활하는 성인을 도저히 스승으로 인정할 수 없을 것이다.

質眞若渝 성인은 선인뿐만 아니라 악인도 사랑한다. 하사는 선인을 사랑하되 악인을 미워하므로 성인이 법과 질서를 어지럽힌다고 여길 것이다.

大方無隅 大方은 천하이며, 隅는 동서남북의 네 방위로서 삶과 죽음, 행복과 불행을 상징한다. 성인에게는 오직 참된 생명이 있을 뿐이고 삶도 죽음도, 행복도 불행도 없다. 하사로서는 성인의 삶이 무모하고도 황당하게 보일 것이다.

28장 樸散則爲器 大器晚成 大器는 애인치국의 인재이다.˚ 성인은 제자가 스
23장 希言自然 스로 자신을 완성하기를 믿고 기다린다.˚ 하사는 제자가 하루 빨리 지식을 습득하기를 독려하고 뒤처지면 가차 없이 탈락시

키는 데에 익숙하므로 성인의 방법이 답답하게 보일 것이다.

大音希聲 大音은 도를 가르치는 사랑의 언어이며 聲은 자신 의 의견을 주장하는 목소리이다. 성인은 말이 아닌 행동으로 가르친다. 하사는 말을 앞세우기 좋아하므로 성인이 가르침 이 귀에 들리지 않는다.

2장 音聲相和

2장 行不言之教

35장 聽之不足聞

大象無形 大象은 도에 대한 믿음, 無形은 기를 가리킨다. 성인은 도를 믿고 모든 사람에게 모든 것을 베푼다. 하사는 보이는 만물에 사로잡혀 있으므로 성인의 사랑을 도무지 알아 보지 못한다.

35장 執大象 天下往

37장 道常無爲而無不爲

이상 12개의 격언을 세 개씩 묶어서 네 개의 그룹으로 분류 할 수 있다. 각 그룹에 속한 세 개의 격언은 각각 순서대로 무 지, 무욕, 무위에 대응한다.

- 明道若昧 進道若退 夷道若纇 ·············· 微明
- 上德若谷 太白若辱 廣德若不足 ·········· 襲明
- 建德若偸 質眞若渝 大方無隅 ·············· 愛民
- 大器晚成 大音希聲 大象無形 ·············· 治國

微明은 뒤틀리는 소리 '외 [œ]', 襲明은 막히는 소리 'ㅋ[k]', 愛民은 숨이 트이는 소리 '우[u]', 治國은 맑게 울려 퍼지는 소 리 'ㅇ[ŋ]'로 압운하였다. 성인이 자신과 싸워 이김으로써 백 성과 더불어 생명의 승리를 성취하고 있음을 나타낸다. 12는

33장 自勝者强

한 해의 달수로서 보편적 진리를 상징한다. (해는 천하와 만물을 빠짐없이 비추므로)

道隱無名은 32장 始制有名과 대응한다. 隱은 무언가에 가려져서 보이지 않는 것이다. 성인은 사랑의 충동을 못 이겨서 마지못해 有名의 도가 되었으나 사사로움과 학문이 지혜의 눈을 가린 하사에게 도는 아직 無名이다.

32장 始制有名

貸는 이자를 받기로 약정하고 돈을 빌려주는 것이다. 貸는 與보다 인색한 행위이지만 역설적으로 도의 일방적이고 무조건적인 사랑을 나타낸다. 도는 성인이 감히 바라지도 못하던 신적인 생명을 줄 뿐만 아니라 그 생명을 기르고 완성하기까지 지혜를 내려준다. 말하자면, 도는 돈을 빌려주고 거기에 이자를 불린 다음 원금과 이자를 통째로 채무자에게 넘겨주는 인심 좋은 빚쟁이이다.

도가 성인을 사랑하는 바로 그 방법으로 성인도 하사를 사랑한다. 성인은 조롱과 반대를 무릅쓰고 하사에게 도를 권유할 뿐만 아니라 도에 익숙해질 때까지 온갖 도움을 아끼지 않을 것이다. 그리하여 하사는 빌린 돈에 이자까지 쳐서 통째로 차지하는 즐거움을 누릴 것이다. 성인은 별도의 이자로 도의 친구라는 영예를 누리고 있기 때문에 하사에게는 어떤 대가도 바라지 않는다.

42장

道生一 一生二 二生三 三生萬物

萬物負陰而抱陽 沖氣以爲和

人之所惡 唯孤寡不穀 而王公以爲稱

故物或損之而益 或益之而損

人之所敎 我亦敎之 强梁者 不得其死 吾將以爲敎父

> 도는 하나를 낳고, 하나는 둘을 낳고, 둘은 셋을 낳고, 셋은 만물을 낳는다. 만물은 그림자를 지고 볕을 끌어안으며, (성인에 의해) 기가 채워짐으로써 어우러진다. 사람들이 싫어하는 것은 바로 외로운 자, 어리석은 자, 무능한 자인데도 왕공은 (스스로를) 그렇게 부른다. 그러므로 만사에 있어 어떤 사람은 그것을 덜어내면서 (무엇인가를) 더하는가 하면, 어떤 사람은 그것을 더하면서 (무엇인가를) 덜어낸다. 사람들이 가르치는 것을 나 또한 가르치려니와, 고집을 피우는 자는 제명에 죽지 못한다. 나는 이것을 첫째 가르침으로 삼으련다.

負(부) 업다   梁(량) 대들보   父(부) 으뜸

도는 현을 낳고, 현은 천지를 낳고, 천지는 三德(무지무욕과 무위)을 낳고, 삼덕은 만물을 낳는다.'

39장 萬物得一以生

성인은 무위를 실천하면서도 도를 의심하면서 현실을 거부하려는 유혹을 느낀다.' 의심의 진원지는 필경 사사로움이지

37장 化而欲作

만 성인은 그 실상을 밝힐 수도 없고 그것을 억지로 제거할 수도 없다.˘ 陰은 의심, 陽은 믿음을 가리킨다. 負陰은 의심으로 말미암아 인생이 짐스러워지는 것이며 抱陽은 습명에 의지하여 현실을 수용하는 것이다.˘

29장 爲者敗之 執者失之

22장 抱一爲天下式

沖氣는 무지무욕을 가리킨다. 성인은 의심을 방치하지 않고 즉시 무지무욕으로 기를 받아들임으로써 믿음을 지킨다.˘ 和는 의심과 믿음이 어우러지는 것이며˘ 이것은 결국 의심이 해소되는 것을 의미한다. 성인은 의심을 적극적으로 활용하여 자신을 부정하고 쇄신하며 이로써 믿음을 더 강화시킨다. 의심도 도의 필수불가결한 요소이다!

37장 天下將自定

4장 和其光

王公은 왕과 제후이다. 왕공은 천하에서 가장 높은 자들임에도 불구하고 천하에서 가장 낮은 곳에 해당하는 孤寡不穀을 자칭한다. 39장 孤寡不穀에 대한 설명을 참조하라.

或損之而益의 或은 왕공이다. 왕공은 칭호를 낮추는 대신에 더 큰 권력을 행사한다. 칭호는 명분에 지나지 않으므로 얼마든지 낮추어도 손해가 없지만, 권력은 모든 것을 누릴 수 있는 실질적인 힘이므로 조금이라도 잃으면 손해이다. 왕공은 지혜롭게도 명분상의 손해를 감수하면서 실질적인 이익을 극대화한다. 결국은 孤寡不穀조차도 고귀한 칭호로 변화되어, 만일 어떤 선비가 孤寡不穀을 자칭한다면 왕공의 권위에 도전하는 반역자로 몰려서 사형에 처해질 것이다. 왕공은 명분을 슬쩍 양보하면서 실익을 챙기더니 나중에는 명분까지도 챙긴다.

或益之而損의 或은 하사이다. (편의상 앞으로 중사와 하사를 묶어서 하사로 통칭하겠다.) 하사는 왕공과 백성에게 지혜로운 스승으로 인정받기 위하여 학문을 연마한다. 누구든지 조금만 생각해보면 사사로움이 헛되다는 것과 학문으로 인생사를 풀 수 없다는 것을 분명히 알 수 있다. 그런데 하사는 스승이라는 명분에 목을 매달고 가장 중요한 자신의 생명을 돌보지 않으며 백성의 생명을 살리는 일은 생각조차 하지 못한다. 스승 노릇을 하지 못하는 사람을 스승으로 칭할 수는 없다. 그는 스승이라는 명분을 챙기려다가 어리석게도 자신과 백성의 생명을 죽이며, 그 결과 스승이라는 명분조차 잃는다.

왕공이 높은 관직과 녹봉으로 선비들을 초빙하는 이유는 그들의 지혜가 필요해서이다. 그러므로 왕공보다 어리석은 선비는 선비의 자격이 없다.

人之所教는 서민들이 주고받는 생활의 지혜를 뜻한다. 强梁者 不得其死는 항간의 무뢰배들이 상대방을 협박하는 속어로서 '너 계속 고집 피우면 제명에 못 죽을 줄 알아라!'라는 정도의 의미이다. 무뢰배는 약자에게 함부로 폭력을 휘두르다가도 강자를 만나면 재빨리 굴복한다. 주먹으로 먹고사는 자는 주먹의 원리를 몸으로 체득한다.

노자도 종종 학문에 의지하려는 유혹을 느끼지만 그럴 때마다 반드시 무지의 덕을 발휘하여 도에 승복한다. 도는 그 무엇보다도 강력한 존재로서 노자가 모든 것을 이기고 모든 것을 얻기까지 모든 도움을 주기 때문이다. 성인은 무지무욕으로 끊임없이 자신을 부정하면서 새로운 생명으로 거듭난다.˘ 이런 이유로 성인은 죽지 않는다. 사람은 죽지 않아야만 제 수명을 누린다고 말할 수 있다.˘ 노자는 하사도 자신처럼 도에 승복하기를 권유한다. 학문으로는 도저히 안 된다. 백성의 스승이라면 적어도 무뢰배만큼은 생각이 있어야 할 것이다.

16장 沒身不殆

33장 死而不亡者壽

43장

天下之至柔 馳騁天下之至堅 無有入無間

吾是以知無爲之有益

不言之敎 無爲之益 天下希及之

> 천하의 가장 부드러운 것이 천하의 가장 굳은 것의 (사이로) 이리저리 내쳐 달리는데, 유가 아니기 때문에 틈이 없는 곳에도 들어간다. 나는 이 때문에 무위가 유익함을 안다. 말 없는 가르침과 무위의 이익이 (있는데), 천하에는 그에 미치는 이가 드물다.

天下之至柔는 무지의 덕이며 天下之至堅은 학문에 대한 믿음이다. 무지의 덕은 학문이 고집하는 사사로움을 이김으로써˘ 학문을 무력화시킨다. 堅 tough은 물체가 변형을 거부하는 성질로서 柔 flexible와 대비된다. 馳騁은 常의 병거에 올라 曲을 생명의 손잡이로 끌어안고 애민치국을 수행하는 것이다.˘ 無有는 사사로움이 없는 것이며 無間은 마음의 문을 꼭 닫은 것이다. 성인은 사사로움이 없기 때문에 자신을 조롱하고 반대하는 하사를 끝까지 용서함으로써 그의 마음을 감동시킨다. _{36장 柔弱勝剛强} _{22장 抱一爲天下式}

성인은 말이 아닌 행동으로 백성을 감동시키며, 백성을 믿음으로써 사람의 자유로운 본성을 살린다. 그런데 하사는 행동하지 않고 말을 앞세우며,˘ 백성을 법과 윤리로 옥죔으로써 _{28장 忠信之薄}

사람의 자유로운 본성을 훼손한다. 사사로움과 학문을 믿는
스승은 흔하되 도와 사람을 믿는 스승은 드물다.

44장

名與身孰親 身與貨孰多 得與亡孰病

是故甚愛必大費 多藏必厚亡

知足不辱 知止不殆 可以長久

> 명예와 몸 중에 어느 쪽이 절실한가? 몸과 재물 중에 어느 쪽이 중요한가? 얻는 것과 잃는 것 중에 어느 쪽이 걱정스러운가? 이런 이유로 너무 아끼면 반드시 크게 낭비하며, 많이 간직하면 반드시 크게 잃는다. 만족할 줄 알면 부끄러움을 당하지 않고 멈출 줄 알면 위태롭지 않으니, 그로써 오래 살고 늙지 않는다.

身은 독자의 몸을 가리킴과 동시에 독자의 자아인 '나'를 가리킨다. 둘을 오버랩하다가 슬며시 후자로 초점을 모으는 수법으로 사람은 행동으로 자신의 운명을 선택한다는 것을 강조한다. 身에 관하여는 7장의 설명을 참조하라.

명예는 남이 나를 알아주는 것인데 내가 있어야 남이 나를 알아주는 것도 가능하다. 내가 죽더라도 명예는 남아있을 것이라고 생각할 수도 있겠지만 그것은 분명 착각이다. 나에 관한 남들의 기억은 분명 내가 아니다. 어떻게 생각해도 나 자신이 명예보다 더 절실한 것이 분명하다.

명예보다 나 자신이 절실한 것은 쉽게 판단할 수 있지만 재물과 나 자신 중에서 어느 쪽이 절실한지는 헷갈릴 가능성이 있다. 명예 없이는 살 수 있어도 재물이 없이는 도저히 살 수 없다고 생각할 수도 있기 때문이다. 욕을 먹어서 죽지는 않지만 굶어서 죽을 수는 있다. 그래서 약간 다르게 '중요한가?'라고 묻는다. 사는 데에는 반드시 재물이 필요하다. 그러나 내가 없다면 재물도 쓸 데가 없으므로 여기에서도 나 자신이 재물보다 더 중요한 것이 분명하다.

세 번째 질문은 좀 막연하지만 합리적인 상식에 따라 무엇인가를 얻는 것을 걱정할 필요는 없다. 얻는 것이 무엇이든지 그것이 쓸모 있는 것이면 간직하고 쓸모가 없는 것이면 버리면 그만이다. 그런데 무엇인가를 잃는 것은 걱정해야 마땅하다. 잃는 그것이 쓸모없는 것이라면 아쉬울 것이 없지만 만약 조금이라도 쓸모 있는 것이라면 분명 손해이다. 더구나 그것이 나의 생사와 관계되는 것이라면 손해가 이만저만이 아니다.

이런 이치에서 도에서 무엇인가를 얻는 것을 걱정할 필요는 없다. 명예나 재물 또는 그보다 낮은 가치를 지닌 것을 얻는다면 그것을 버리면 된다. 그런데 죽지 않는 생명을 얻는다면 그것은 반드시 정성스럽게 간직해야 할 것이다. 나의 생명은 명예나 재물과는 비교할 수도 없는 가치가 있다. 만약 헛된 명예와 재물에 집착하여 도를 외면하고 그 결과 나의 생명을 잃는다면 너무나 큰 손해를 보는 것이다. 이것이 노자의 질문이 향하는 포인트이다.

甚愛는 백성을 사랑하는 것을 지나쳐서 백성이 주는 명예까지 사랑하는 것이다. 명예를 사랑하는 스승은 자아를 상실하며 백성 또한 스승을 바라보느라 자아를 상실한다.˘ 이 스승은 _{3장 寵辱若驚}
명예를 얻기 위하여 사람의 생명을 대가로 치르고 있다. 大費는 18장 大僞, 28장 大迷와 호응하여 학문의 어리석음을 지적한다. 사람이 아니라면 이 세상 모든 것이 무의미하고, 따라서 스승이라는 명예도 무의미하다.

多藏은 재물에 대한 집착이며 厚˘는 믿음을 지시한다. 재물 _{38장 處其厚 不居其薄}
을 믿는 스승은 도를 믿지 않는다. 그는 도가 주는 생명을 얻지 못하므로 육신이 죽기도 전에 이미 죽어 있으며 백성까지도 죽음으로 이끌고 있다. 죽을 때에 재물을 잃는 것보다 바로 지금 사람의 생명을 잃는 것이 더 큰 문제이다. 앞서 잃는 것을 걱정스럽게 여겼던 바가 현실로 나타난 것이다.

知足은 微明을 지시한다. 성인은 신적인 생명을 누리고 있으므로 애민치국 그 자체로 만족하며 재물에는 초연하다.˘ 스 _{28장 常德乃足
33장 知足者富}
승 노릇을 하는 사람이 겨우 재물을 탐낸다면 세상의 부끄러움을 당할 것이다.˘ _{17장 其次侮之}

知止는 襲明을 지시한다. 성인은 명예에 굴복하지 않고 무위를 지킴으로써 자신과 백성의 생명을 보전한다.˘ _{32장 知止可以不殆}

성인은 신적인 생명과 신적인 지혜를 지니고 있으므로 천하

7장 天長地久 의 어른 노릇을 하면서 늙지도 않고 죽지도 않는다.ˇ

45장

大成若缺 其用不弊 大盈若沖 其用不窮

大直若屈 大巧若拙 大辯若訥

躁勝寒 靜勝熱 淸靜爲天下正

크게 완성된 것은 결함이 있는 것 같지만, 그것을 (아무리) 써도 낡지 않는다. 크게 채워진 것은 비어 있는 것 같지만, 그것을 (아무리) 써도 바닥나지 않는다. 크게 곧으면 굽은 것 같고, 크게 솜씨가 있으면 서툰 것 같고, 크게 말을 잘하면 어눌한 것 같다. 조급함은 추위를 이기고 고요함은 더위를 이긴다. 맑은 고요함은 천하의 본보기이다.

訥(눌) 어눌하다

大成은 무위의 애민치국이며, 若缺은 襲明을 지시한다. 습명은 미와 추, 선과 악을 포용하므로 낡아서 못 쓰게 되는 일이 없다. 미와 선만을 추구하는 하사에게는 성인의 공로에 결함이 있는 것처럼 보일 것이다.

大盈은 무지무욕이며, 若沖은 微明을 지시한다. 성인은 무로부터 고갈되지 않는 생명을 얻으며 백성에게도 같은 일을 권유한다. 오직 유를 탐구하는 하사에게 성인은 아무 일도 하지 않는 것처럼 보일 것이다.

39장 谷得一以盈
4장 道沖, 42장 沖氣

36장 國之利器
不可以示人

다음에는 大成을 진리, 능력, 말솜씨의 세 측면으로 나누어 설명한다. 大成, 大盈, 大直, 大巧, 大辯으로 몸을 상징하는 숫자 5를 이룬다. 12장에서도 같은 목적으로 5라는 숫자를 만든 바 있다. 도는 이론이 아닌 실천이다. 41장 建言에 이어서 성인과 하사가 서로 평행선을 달리고 있음을 보여준다.

성인은 자신의 굽은 모습을 그대로 지키면서 거침없이 생명의 길을 간다. 남의 눈치를 보면서 자신의 겉모습을 치장하는 하사에게는 성인이 비루하게 보일 것이다.

성인은 백성을 믿고 그들이 스스로 판단하기를 기다린다. 자신이 원하는 대로 백성을 조급하게 몰아붙이는 하사에게는 성인의 솜씨가 서툴게 보일 것이다.

성인은 행동으로 도를 보여준다. 도를 말로 설명할 수는 없고 굳이 설명하려면 비유를 사용할 수밖에 없다. 백성은 비유가 지시하는 바를 실천하여 그 효과를 보고 난 후에라야 그 비유를 이해할 수 있다. 애매모호한 이론을 장황하게 늘어놓는 데에 익숙한 하사에게는 성인의 간결한 비유가 어눌하게 들릴 것이다.

26장 靜爲躁君
11장 鑿戶牖以爲室

躁는 학문을 가리킨다. 욕구를 추종하는 사람은 자아를 상실하게 되는데, 이 상황을 겨울에 집을 떠나 밖에서 생활하는 것에 비유하여 '추위'라고 하였다. 학문이 꼬리에 꼬리를 물고 복잡하게 전개되면서 하사는 그 성과에 도취되어 자아를 상실한 허전함을 잊는다. 이것을 가리켜서 노자는 조급함이 추위를 이긴다고 하였다.

　그런데 학문은 사사로움을 자극하여 사람들의 경쟁을 부추긴다. 경쟁의 열기가 점점 더 높아져서 범죄, 반란, 전쟁 등으로 부작용이 확대되면 학문은 더 이상 처방을 제시할 수 없다. 정신을 번쩍 차리고 나면 이미 세상은 한바탕 혼란과 파괴의 폭풍우를 겪은 후이다. 사람들은 이제 차분히 마음을 가라앉히고 과거의 혼란을 되풀이하지 않기로 결심한다. 이것을 가리켜서 노자는 고요함이 더위를 이긴다고 하였다.

　그러나 어느 정도 시간이 지나면 고요함은 깨어지고 경쟁의 열기가 다시 피어오르기 시작한다. 자아를 상실한 사람은 사사로움으로 마음의 허전함을 채울 수밖에 없기 때문이다. 그리하여 천하는 추위와 더위, 평화와 전쟁을 끊임없이 되풀이한다. 학문으로는 결코 천하를 다스리지 못한다.

　淸靜의 淸은 생명이 깃든 맑은 마음이며,˙ 靜은 믿음에서 오는 고요함이다.˙ 그리하여 淸靜은 신적인 생명과 지혜에서 오는 근본적이고도 영구적인 평화이다. 이에 비해 靜勝熱의 靜은 잠시 휴식하면서 경쟁의 열기를 식히는 표면적이고 일시적인 평화이다. 그러므로 淸靜이야말로 천하백성이 따라야 할 바른 본보기이다.˙

39장 天得一以淸
39장 地得一以寧
8장 正善治

46장

天下有道 卻走馬以糞

天下無道 戎馬生於郊

禍莫大於不知足 咎莫大於欲得

故知足之足 常足矣

> 천하에 도가 있으면 경주마를 데려다 거름을 내도록 하며, 천하에 도가
> 없으면 성읍 밖에서 융마를 기른다. 만족할 줄 모르는 것보다 큰 화가
> 없고, 얻으려고 하는 것보다 큰 허물이 없다. 그러므로 만족스러운 것을
> 만족스러운 것으로 알아야 늘 만족한다.

糞(분) 똥을 나르다   戎(융) 무기

14장 御今之有
26장 萬乘之主

馬는 만물,˘ 走馬는 사사로움, 戎馬는 전쟁,˘ 糞은 象을 지시
한다. 郊는 성읍 주변의 경작지이다.

35장 執大象 天下往

34장 萬物歸焉

성인은 사사로움을 버리고 만물의 전체성인 象을 받아들인
다.˘ 象은 추와 악을 포용하므로 혐오스럽게 느껴지지만 애민
치국의 자양분으로 작용한다.˘ 혐오스러운 똥이 식량을 생산
하는 밑거름이 되는 것과도 같다.

11장 挻埴以爲器
29장 天下神器

성읍 밖은 천하를 가리킨다. 천하는 성인을 낳고 기르는 밭
이건만˘ 도를 모르는 사람에게는 사사로움을 다투는 각축장

이다. 그리하여 만물이 천하의 주인 노릇을 하면서 사람의 마음을 빼앗고 사람의 목숨을 죽인다. 사람을 위하여 봉사해야 할 말이 오히려 사람의 식량을 빼앗아 먹고 사람을 죽이는 도구로 길러지는 상황과도 같다.

禍는 죽음의 운명이며, 知足"은 신적인 생명의 깨달음으로 만족하는 것이다. 신적인 생명을 모르는 사람은 반드시 자타 공멸의 행동을 저지른다.   ^{44장 知足不辱}

咎는 어리석음에서 오는 행동이며, 欲得은 사사로움을 지시한다. 사람의 욕구는 끝을 모르고 확장되는데 욕구를 채울 수 있는 대상은 유한하다. 그러므로 사사로움은 필연적으로 다툼, 미움, 도둑, 폭력, 살인, 전쟁 등의 악행을 유발한다.

44장에서 무욕의 깨달음을 知足이라고 하였는데 일반적으로는 분수^{分數}에 만족하는 것을 知足이라고 한다. 그래서 성인의 知足을 일반적인 의미의 知足과 분명히 구별하기 위해 知足之足이라고 하였다. 분수에 맞게 욕구를 채우거나 억압하여 얻어지는 만족은 반드시 불만을 내포하며 추위와 더위, 평화와 전쟁의 악순환을 일으키므로" 결국 만족스럽지 않다고 말할 수밖에 없다. 그에 비해 신적인 생명은 만물에 의존하지 않으므로 욕구의 충족 여부와 관계없이 그 자체로 만족스럽다. 성인은 억지로 만족하는 것이 아니라 실제로 만족스러운 현실에 입각하여 만족한다. 그렇기 때문에 늘 만족스럽다.   ^{44장 躁勝寒 靜勝熱}

47장

不出戶 知天下 不窺牖 見天道
其出彌遠 其知彌少
是以聖人不行而知 不見而名 不爲而成

> (성인은) 지게문을 나서지 않고 천하를 알며, 창문을 엿보지 않고 하늘
> 의 도를 본다. (하사는 집에서) 멀리 나갈수록 (천하를) 더 적게 안다. 이
> 때문에 성인은 다니지 않고도 (천하를) 알고, (하늘을) 살펴보지 않고도
> (하늘의 도를) 드러내며, 일하지 않고도 (애민치국의 공로를) 이룬다.

彌(미) 더욱

11장 鑿戶牖以爲室　不出戶'는 무지무욕, 知天下는 미명을 지시한다. 성인은 무
지무욕으로 신적인 자아의 깨달음을 얻고, 그로써 천하는 신
33장 自知者明　들을 낳고 기르는 밭이라는 것을 안다.'

　窺牖는 앞일을 알아보기 위해 천체의 운행을 관측하는 것이
다. 학문으로 앞일을 어느 정도는 예측할 수 있지만 결코 완전
하게 예측할 수는 없다. 그 예측할 수 없는 부분이 바로 미신
의 몫이다. 不窺牖는 무위, 見天道는 습명을 지시한다. 天道는
성인이 하늘에서 만나는 도, 곧 무이다. 성인은 무위를 실천하
36장 魚不可脫於淵　는 자신을 통하여 보이지 않는 도를 본다.'

其出은 하사가 자아를 떠나 유에 몰입하는 것이며 彌遠은 45장 躁勝寒 靜勝熱
학문(出戶)에서 미신(窺牖)으로 전락하는 것이다. 학문은 부분적
으로나마 앞일을 예측할 수 있지만 미신은 앞일에 대하여 아
예 허황된 이야기를 지어낸다. 그러므로 하사는 끝끝내 천하
를 알지 못한다.

不行而知의 行은 경험적 지식으로서의 학문을 지시한다. 성
인은 학문에 의지하지 않고 오직 무지무욕으로 천하를 완전하
게 안다.

不見而名의 見은 별의 운행을 관측하는 미신행위이며, 名은
도를 천하에 드러내는 것이다. 성인은 미신에 의지하지 않고 1장 有名萬物之母
오직 무위를 통하여 도의 뜻을 천하백성에게 알린다. 39장 侯王得一以爲天下貞

不爲는 無爲를 구체적인 행동의 측면에서 말한 것이다. 성
인은 천하를 직접 건드리지 않고 오직 무의 운동으로 애민치 29장 爲者敗之
국의 공로를 이룬다.

──── 48장 ────

爲學日益 爲道日損

損之又損 以至於無爲 無爲而無不爲

取天下 常以無事 及其有事 不足以取天下

> 학문에 힘쓰면 날마다 (일이) 늘어나는데, 도에 힘쓰면 날마다 (일이) 줄
> 어든다. (일이) 줄고 또 줄어 무위에 이르니, (성인은) 하는 일이 없으나
> 하지 않는 것이 없다. (성인이) 천하를 취하면 그로써 늘 일이 없으니, 일
> 이 있다면 그로써 천하를 취하기에는 부족하다.

하사는 학문의 힘으로 욕구를 다스리려고 한다. 그런데 학문 자체가 욕구의 활동이다. 욕구가 욕구를 자극하여 욕구는 끝없이 확대 재생산되므로 그에 대한 대책이 더 복잡해지고 일이 더 많아진다. 일의 예를 들면 교육, 조직, 건축, 예술, 자선, 정치, 외교, 군사 등등이다. 학문 자체가 일로서 확대 재생산됨은 물론이다. 이때 사람은 일의 수단으로 전락하면서 자아로부터 점점 멀어진다.﹡

45장 躁勝寒 靜勝熱

성인은 도에서 신적인 자아의 깨달음을 얻어 욕구에 점점 초연해지고, 그에 따라 일이 점점 줄어든다.

損之又損은 1장 玄之又玄과 대구를 이루어 현의 운동이 깊

어질수록 일^ⁱ이 줄어드는 것을 나타낸다. 어떤 일을 해야 한
다거나 하지 말아야 한다는 식으로 무위를 규정할 수는 없다.
성인에게 있어서는 생물학적 활동, 생업, 친교, 오락 등등을
포함하는 삶 전체가 무위이다.ʳ 무위는 모든 종류의 규범에
서 자유로운 삶이며, 이는 또한 사람을 살리는 '일'이다. 사람
을 죽이는 일을 더 멀리할수록 사람을 살리는 일은 더 활발해
진다.

27장 常善救物故無棄物

2장 處無爲之事, 17장 功成事遂, 30장 其事好還 등에서 事는
무위의 애민치국을 가리킨다. 동어이의의 수법을 고려하지 않
는다면 도덕경은 앞뒤가 맞지 않는 책이라고 할 수밖에 없다.

無爲而無不爲에 관하여는 37장을 참조하라. 성인은 일을 벌
이지 않고 모든 사람을 위하여 모든 일을 한다. 이로써 천하백
성을 살리는 공로를 세운다.ʳ

47장 不爲而成

성인이 천하를 취하는 목적은 사람을 살리기 위한 것이다.
그는 현의 운동으로 자신을 다스리며, 자신이 실천하는 것을
천하백성에게 권유한다. 사람을 다스리면 욕구는 저절로 다스
려지므로 성인은 늘 일이 없다.

만일 천하를 취한 후에 일이 있다면 스승이 도를 학문으로
착각하는 것이며, 사사로움을 추구하는 것이며, 자신을 다스
리지 못한 것이다. 이때 백성은 일에 참여하느라 도를 실천하
는 데에 관심을 두지 않는다. 백성은 아직 도에 서투르기 때문

에 무의 일보다는 유의 일에 더 매력을 느낀다. 이것은 스승과 백성이 공멸하는 길이다. 사람을 죽이는 스승이 천하를 취했다고는 도저히 말할 수 없다.

──── 49장 ────

聖人無常心 以百姓心爲心

善者吾善之 不善者吾亦善之 德善

信者吾信之 不信者吾亦信之 德信

聖人在天下 歙歙爲天下渾其心

百姓皆注其耳目 聖人皆孩之

성인은 정해진 마음이 없어서 백성의 마음을 (자신의) 마음으로 삼는다.
나는 선한 사람을 선하게 대하되 선하지 않은 사람도 선하게 대하므로
참으로 선하다. 나는 (도를) 믿는 사람을 믿되 (도를) 믿지 않는 사람도
믿으므로 참으로 믿음이 있다. 성인이 천하에 있는 것을 보면, 움츠려 천
하를 위해 그 마음을 흐리니, 백성이 모두 (그에게) 귀와 눈을 기울이고,
성인은 그들을 모두 어린아이로 만든다.

歙(흡) 움츠리다　　渾(혼) 흐리다　　注(주) 붓다　　孩(해) 어린아이

　성인은 선악의 잣대로 사람을 판단하지 않고 오직 어리석 ^41장 質眞若渝
음과 죽음의 고통을 겪는 천하백성을 동정한다. 常心은 선악
에 대한 집착이다.

　善者은 도를 사랑하는 성인이며 不善者는 도를 사랑하지 않
는 천하백성이다.

성인은 물론 성인을 사랑한다. 즉, 성인들은 사사로움의 유혹을 이기고 최후의 승리를 얻기까지 서로를 격려한다. 그런데 성인은 도를 사랑하지 않는 사람도 사랑한다. 도의 신적인 생명은 무조건적인 사랑의 충동을 일으키기 때문이다. 성인은 모든 사람을 사랑함으로써 사랑을 완전하게 실천한다.

信者는 도를 믿고 사람을 믿는 성인이며, 不信者는 도를 믿지 않고 사람도 믿지 않는 천하백성이다.

성인은 자신을 믿고 다른 성인들을 믿는다. 성인은 누구나 도를 믿고 스스로 도의 도움을 받아 자아를 완성할 것이기 때문이다. 그런데 성인은 도를 믿지 않고 성인을 믿지 않는 사람도 믿는다. 도는 사람에게 자신을 돌아볼 수 있는 이성적 능력을 주었기 때문이다.˹ 그러므로 성인은 천하백성이 자신의 어리석음을 깨닫고 마음을 돌리기를 끝까지 기다린다. 성인은 모든 사람을 믿음으로써 믿음을 완전하게 실천한다.

23장 德者同於德

聖人在天下는 32장 道之在天下와 호응하여 성인을 통하여 도가 천하에 드러나고 있음을 나타낸다. 歙歙˹은 선악에 대한 집착을 버리는 모습이다. 爲天下는 48장 取天下의 목적에 해당한다. 성인이 천하를 취하는 목적은 백성을 살리기 위한 것이다. 渾은 물이 흐려지는 모습으로서 선악의 경계가 사라지는 것을 나타낸다. 그리하여 성인은 모든 사람을 차별 없이 사랑하고 믿는다.

36장 將欲歙之

百姓은 성인의 사랑에 감동하여 마음의 문을 연 사람들이다. 그런 사람은 모두 성인에게 耳目을 기울인다. 耳는 말을 경청하는 것이며 目은 행동을 자세히 살피는 것이다. 백성은 성인의 말과 행동이 일치하는 것을 보고 성인을 믿고 도를 믿는다.

성인은 도를 믿는 사람들을 제자로 삼아 모두 도의 어린아이로 만든다.˚ 도의 어린아이는 기를 먹고 자란다. 이를 풀어 말하면, 스승은 끈질기게 무지무욕을 실천하면서 제자에게도 같은 일을 권유한다.˚

28장 復歸於嬰兒

3장 常使民無知無欲

50장

出生入死 生之徒十有三 死之徒十有三

人之生 動之死地 亦十有三 夫何故 以其生生之厚

蓋聞善攝生者 陸行不遇兕虎 入軍不被甲兵

兕無所投其角 虎無所措其爪 兵無所用其刃

夫何故 以其無死地

(모든 생명체는 땅에서) 나오면 살고 (땅으로) 들어가면 죽는다. 생명에서 온 무리도 열셋이고 죽음으로 가는 무리도 열셋이다. 사람들이 사는 것을 보면, (쓸데없이) 움직여서 죽음으로 가는 무리가 또한 열셋이니, 도대체 왜냐하면, (그들은) 생명을 살리려고 너무 애쓰기 때문이다. 대개 듣건대, 생명을 잘 관리하는 사람은 육지를 갈 때 외뿔들소와 범을 마주치지 않으며, 군대에 들어가도 갑옷과 무기를 지니지 않는다. (그에게는) 외뿔들소가 뿔로 들이받을 곳이 없고, 범이 발톱을 댈 곳이 없으며, 무기가 날을 쓸 곳이 없다. 도대체 왜냐하면, 그에게는 죽는 곳이 없기 때문이다.

兕(시) 외뿔들소

기존의 생명체의 수효를 열, 새로 태어나는 생명체의 수효를 셋이라고 하면 생명에서 온 무리의 수효와 죽음으로 가는 무리의 수효는 같은 열셋이다. 셋이 새로 태어나면 같은 수효인 셋이 죽어서 전체적으로는 열이라는 수효로 생태계의 평형을 유지한다.

十有三은 '10+3'이다. 10`은 완전함, 3`은 생명을 상징한다. 19장 民利百倍
26장 萬乘之主
생명체는 과거, 현재, 미래의 세 차원에 속하면서 '현재' 살아 14장 此三者不可致詰
42장 三生萬物
있다. 개별적인 생명체에게는 자신의 죽음이 극도로 충격적
인 사건으로 다가오지만 전체적인 생태계는 완전한 질서를 유
지한다. 그리하여 十有三은 생명현상이 도의 경륜에 속한다는
사실을 상징적으로 나타낸다.

人之生은 다른 생명체의 일생과 구별되는 사람의 일생이다.
사람은 무위로써 살 수 있음에도 불구하고` 많은 사람들은 애 16장 沒身不殆
써 온갖 일을 벌이면서` 죽음으로 가고 있다! 그들이 억지로 48장 爲學日益
死之徒가 되더라도 여느 생명체처럼 도의 경륜에 복종하지 않
을 수는 없으므로 그 수효는 '역시`' 열셋이다.

그들은 도대체 왜 저런 어리석은 행동을 하는 걸까? 사사로
움이 생명을 보장하는 것으로 착각하기 때문이다. 그들이 살
리고자 하는 것은 오직 육신의 생명이다. 厚는 사사로움에 대
한 믿음을 지시한다.` 44장 多藏必厚亡

성인은 자신의 생명뿐만 아니라 천하백성의 생명도 잘 관리
한다.

陸行은 무위를 가리킨다. 성인은 도를 믿으므로 땅 위를 걷
는 것처럼 마음이 든든하다.` 兕는 명예를 가리킨다. 짝짓기 39장 地得一以寧

철이 되면 외뿔들소의 수컷들은 암컷들을 독차지하기 위하여 목숨을 걸고 서로 뿔을 부딪는다. 명예는 권력으로 오르는 사다리이다. 虎는 재물을 가리킨다. 범은 살코기를 먹기 위하여 사냥감을 공격한다. 재물은 쾌락을 확보하는 수단이다. 不遇는 서로 이해가 상충하지 않는 상황이다. 성인은 명예와 재물에 초연하므로 백성의 공격을 받을 빌미가 없다.

26장 燕處超然

入軍은 애민치국을 위하여 천하로 나아가는 것이다. 甲兵은 권위와 학문을 가리킨다. 성인은 도와 학문을 뒤섞지 않으며, 일방적으로 백성을 섬기되 스승의 권위를 내세우지 않는다. 성인은 학문과 권위에 초연하므로 하사의 공격을 받을 빌미가 없다.

30장 師之所處 荊棘生焉

31장 夫佳兵者 不祥之器

38장 處其厚 不居其薄

38장 處其實 不居其華

하사는 성인을 황당하게 여길 것이다. 도대체 저 사람은 무얼 믿고 저러나? 명예도 재물도 스승으로서의 권위도 누리지 못한다면 인생을 사는 보람이 도대체 뭐란 말인가? 저 사람은 죽지도 않나? 성인은 도를 믿기 때문에 사사로움에 초연하며 이미 죽음에서 벗어나 있다. 無死地는 앞의 動之死地와 극명하게 대비된다.

7장 非以其無私邪
故能成其私

51장

道生之 德畜之 物形之 勢成之

是以萬物莫不尊道而貴德

道之尊 德之貴 夫莫之命而常自然

故道生之 德畜之 長之育之 亭之毒之 養之覆之

生而不有 爲而不恃 長而不宰 是謂元德

도는 그것을 낳고, 덕은 그것을 기르고, 만물은 그것에 모양을 내고, 세는 그것을 완성한다. 이 때문에 만물은 도를 존숭하고 덕을 귀하게 여기지 않을 수 없다. 도가 존엄하고 덕이 귀한 것은 모름지기 누가 그들에게 시킨 것이 아니라 (그들이) 늘 스스로 그런 것이다. 그러므로 도는 그것을 낳고 덕은 그것을 기르니, 그것을 자라게 하고 그것을 튼튼하게 하며, 그것을 세우고 그것을 실속 있게 하며, 그것을 먹여주고 그것을 덮어준다. (성인은 백성을) 살리되 소유하지 않고, 섬기되 기대지 않고, 어른이면서도 지배하지 않으니, 이를 원덕이라고 한다.

莫(막) 아무도(nobody)　　　覆(복) 덮다　　　元(원) 으뜸

道生之의 之는 精, 德畜之의 之는 微明이다. 道는 성인에게 신적인 생명을 준다. 德은 무지무욕이다. 덕에는 물론 무위도 포함되지만 이것은 뒤의 物形之 勢成之에 배당되었다. 畜은 가축을 기른다는 뜻이다. 성인은 무지무욕을 통하여 짐승에서 신으로 격상된다.』

39장 貴以賤爲本

物形之의 之는 襲明이다. 만물은 성인의 지혜를 세상에 드러내는 데에 그 존재의미가 있다. 뒤집어서 말하면, 성인의 지혜는 반드시 무위의 구체적인 삶으로 드러난다.

勢成之의 之는 愛民治國이다. 精, 微明, 襲明까지가 기의 활동이라면, 사랑愛은 勢의 활동이다. 강물이 둑을 무너뜨리고 쏟아져 내리듯이 성인은 사랑의 충동에 밀려서 천하백성의 삶으로 뒤섞여 들어간다.

15장 混兮其若濁

만물은 사람들이 도를 사랑하고 서로를 사랑하도록 부추긴다. 이러한 만물은 욕구의 대상으로서의 만물과는 조금도 공통점이 없다. 도와 덕은 만물과 비교할 수 없이 위대하지만 둘의 위대함에는 차이가 있다. 덕은 도에 의해 낳아지고 길러지고 완성되기 때문이다. 도는 덕을 '통하여' 만물을 완성하므로 尊이며, 덕은 도에 '의지하여' 만물을 완성하므로 貴이다.

도와 덕은 둘 다 신적인 존재이므로 그들이 하는 일을 간섭할 다른 어떤 존재도 있을 수 없다. 도와 덕이 천하백성을 사랑하는 것은 그들의 자유로운 본성에 따른 것이다. 自然에 관하여 17장, 23장, 25장을 참조하라.

앞의 道生之 德畜之에서 之는 성인(=스승)이고 故道生之 德畜之의 之는 백성(=제자)이다. 부정법의 묘미를 잘 보여주는 대목이다. 이번의 畜은 스승의 일방적인 사랑을 표현한다. 5장에서 백성을 芻狗에 비유한 것과 비슷한 수법이다. 다음에는 畜

의 활동을 세 단계로 나누어 설명한다. 之는 모두 제자이지만 노자가 구체적으로 염두에 두고 있는 바를 필자가 따로 명시 한다.

長之育之 精과 樸. 성인은 도를 사랑하기로 결심한 사람을 제 자로 삼아 도의 아들로 키우고, 애민치국의 인재˝로 양성한다. 28장 樸散則爲器

亭之毒之 미명과 습명. 제자는 미명을 얻어 천하백성의 스 승이 되며, 습명의 힘으로 사람을 살리는 실질적인 능력을 발 휘한다.˝ 亭은 누구나 와서 쉴 수 있는 정자이며, 毒은 약재의 28장 復歸於無極 효능을 일으키는 성분이다.

養之覆之 善과 不善. 성인들은 잘하는 것은 서로 격려하고 잘못하는 것은 서로 덮어준다.˝ 27장 善言無瑕謫

生而不有 爲而不恃 長而不宰는 10장의 설명을 참조하라. 10 장에서는 주어 '성인'이 생략되었는데 지금 생략된 주어는 '덕' 이다. 물론 성인과 덕은 동일한 주체이지만 덕은 도의 경륜에 협력하고 있음을 강조한다.

元德은 '으뜸의 덕'으로서 무위의 별칭이다. 삼덕 중에서 으 뜸은 무위의 사랑˝이다. 지금까지 등장한 특별한 이름의 세 가 27장 要妙 지 덕을 정리하면 10장 玄德은 무지, 21장 孔德은 무욕, 元德 은 무위이다.

52장

天下有始 以爲天下母

旣得其母 復知其子 旣知其子 復守其母 沒身不殆

塞其兌 閉其門 終身不勤 開其兌 濟其事 終身不救

見小曰明 守柔曰强

用其光 復歸其明 無遺身殃 是謂習常

> 천하에는 처음이 있으니 이것이 천하의 어머니이다. 그 어머니를 얻고
> 나면 돌이켜 그 아들을 알고, 그 아들을 알고 나면 돌이켜 그 어머니를
> 지키므로, 몸이 꺼져도 위태롭지 않다. (사람이) 그 구멍을 막고 그 문을
> 닫으면 몸이 다하도록 지치지 않지만, (사람이) 그 구멍을 열고 그 일에
> 간여하면 몸이 다하도록 (도가 그를) 건질 수 없다. 작은 것을 보면 밝고
> 부드러움을 지키면 강하다. 그 빛을 활용하고 그 밝음으로 돌아가면 몸
> 에 재앙이 남지 않으니, 이를 습상이라고 한다.

성인으로 말미암아 천하의 참된 면모가 드러나므로 성인은
25장 天下母 천하의 시초이며 천하를 낳고 기르는 어머니이다.* 이에 따라
천하는 성인의 아들이다.

성인은 다툼과 죽음이 난무하는 천하를 떠나 도에게로 돌아
가서 진리를 구하였는데, 도에 의해 천하의 어머니가 되고 나
니 아들에 대한 사랑의 충동에 떠밀려서 다시 천하로 되돌아

올 수밖에 없다. 그런데 성인은 애민치국의 공로에 머물지 않고˙ 다시 도에게로 돌아가서 어머니의 자리를 지킨다. 만일 성인이 공로에 머문다면 도를 벗어남으로써 어머니의 능력을 잃을 것이다. 이것은 어머니와 아들, 성인과 천하의 공멸이다.

2장 功成而不居

성인은 도를 사랑하기 때문에 천하백성을 사랑하며 이로써 언제나 도에게로 돌아와 있다. 어머니가 실제로 아들을 낳고 기르고 완성하지 못한다면 어머니의 자격이 없다. 그러므로 어머니의 능력을 얻는 사건이 아들을 사랑하는 사건보다 우선이다. 즉, 도를 사랑하는 것이 천하백성을 사랑하는 것보다, 무지무욕이 무위보다 우선이다.

没身不殆는 16장의 설명을 참조하라. 성인은 사사로움과 학문의 유혹을 물리치고 도에게로 되돌아감으로써 자신도 살고 천하백성도 살린다.˙

44장 知止不殆

兌는 감각기관, 門˙은 의지의 방향이 전환되는 장소로서의 마음이다. 그리하여 塞其兌 閉其門은 욕정과 욕망에 굴복하지 않는 것이다. 욕구를 따르는 자아는 몸과 마음으로 분열되어 자신을 상실한다. 현은 기의 힘으로 욕구를 다스림으로써 자아의 통일성을 지킨다.˙ 현의 운동은 지치지 않으며˙ 육신의 죽음을 이긴다.

1장 衆妙之門
6장 玄牝之門
27장 善閉無關楗而不可開

10장 載營魄抱一
6장 用之不勤

開其兌는 욕정에 굴복하는 것이며 濟其事는 학문에 의지하여 세상사에 간여하는 것이다. 욕정은 욕망을 부르고, 욕망은 사사로움을 부르고, 사사로움은 학문을 부르고, 학문은 일을 부르고, 일은 끝없이 가지를 치면서 확대 재생산된다. 일이 제 아무리 복잡한들 단순한 욕정에서 시작하여 단순한 죽음으로 귀결된다.˘ 사람이 자신을 돌아보지 않는다면 도일지라도 그를 구할 수가 없다.

48장 及其有事
不足以取天下

見小曰明은 사사로움의 유혹을 물리치고 현을 보전하는 사건이다.˘ 明은 미명이다. 현은 무지무욕으로 기를 받아들이면서 끊임없이 성장하고, 그에 따라 성인은 천하와 만물에 더욱 통달한다.

32장 樸雖小
34장 常無欲 可名於小

守柔는 끈질기게 도를 사랑하는 것이다. 이로써 사랑의 힘은 더욱 강해진다.˘ 守에 관하여는 28장, 32장, 37장 등의 용례를 참조하라.

3장 强其骨
40장 弱者道之用

用其光은 무위의 애민치국이다.˘ 4장 和其光이 백성을 사랑하는 일이라면 用其光은 사랑의 충동을 따르는 일이다. 물론 같은 사건을 각각 유와 무의 관점에서 표현한 것으로서 각각 기와 세에 해당한다.

31장 不得已而用之

復歸其明은 학문의 유혹을 물리치고 믿음을 지키는 사건이다.˘ 其明은 습명이다. 성인은 오직 도를 믿기 때문에 아무 조건 없이 늘 천하백성을 사랑한다.

42장 沖氣以爲和

沒身과 終身의 身은 육신의 생명을 가리키는 데 비해 身殃

의 身은 현을 가리킨다. 身에 관하여는 7장을 참조하라. 성인
은 미명과 습명의 힘으로 죽음의 재앙을 떨쳐버리고 사랑의
능력을 마음껏 발휘한다.

習常은 常 을 익힌다는 뜻이다. 習은 어린 새白가 날개羽를 16장 復命曰常 知常曰明
저으며 훈련하는 모습을 나타낸다. 새로운 성인이 애민치국을
수행하는 것은 마치 어린 새가 처음 둥지의 밖으로 나가는 것
처럼 힘겹고 서툴다. 사사로움과 학문의 유혹이 만만치 않기
때문이다. 그러나 그가 시련을 이겨낸 후에는 미명과 습명의
튼튼한 날개를 펼치고 자유로운 사랑으로 비상한다. 常은 참 20장 飂兮若無止
된 스승의 길임에 틀림이 없지만 그에 익숙해지기까지는 상
당한 훈련이 필요하다.

53장

使我介然有知 行於大道 唯施是畏

大道甚夷而民好徑

朝甚除 田甚蕪 倉甚虛

服文綵 帶利劍 厭飮食 財貨有餘

是謂盜夸 非道也哉

내가 조금 아는 것이 있다면 큰 도를 가는 데 있어서 오직 베푸는 것, 이것이 두렵다. 큰 도는 매우 평탄한데 백성은 지름길을 좋아한다. (왕의) 조정은 매우 썰렁하고 (백성의) 논밭에는 잡초가 무성하며 (나라의) 곳간은 텅 비어 있다. (고관들은) 화려한 무늬의 비단옷을 입고 (장군들은) 날카로운 칼을 차고 다니며 (왕의 처첩은) 음식이 입에 물리는데 (왕궁에는) 재화가 남아돈다. 이를 도과라고 하니, (이것은) 도가 아니리라!

施(시) 베풀다   綵(채) 비단   夸(과) 뽐내다

施는 백성을 계몽하기 위해 지혜를 가르치는 것이다. 남에게 무엇인가를 베푸는 사람은 어떤 식으로든 그 이상의 보상을 기대한다. 스승이 백성에게 지혜를 가르치면서 그 보상으로 재물과 명예를 얻고 있다면 그의 지혜는 재물과 명예보다 가치가 낮은 것임에 틀림없고, 따라서 사람을 살리는 능력이 없다. 사람의 목숨은 재물이나 명예와는 비교할 수도 없이 귀중하기 때문이다.

44장 得與亡孰病

성인은 단순히 도를 사랑하면서 백성에게 도를 사랑하기를
권유한다. 大道는 매우 평탄함에도 불구하고 하사는 백성의
스승을 자처하면서 명예와 재물에 눈독을 들인다. 학문은 자
신을 다스리지 않고 곧바로 백성을 다스려서 즉시 사사로움을
취할 수 있는 지름길이다. 이 지름길은 시기, 다툼, 미움, 도둑,
강도, 살인, 전쟁 등을 거쳐 죽음이라는 종착점에 도달한다.

19장 絶巧棄利 盜賊無有
41장 夷道若纇

48장 爲學日益

스승이 학문을 도구로 삼아 백성을 착취하는 모습을 외화내
빈의 정치에 빗대어 묘사한다.

朝는 자아의 내면이며, 田은 천하이며, 倉은 성인들의 공동
체이다. 스승이 도를 사랑하지 않으므로 大道는 그의 마음에
서 소멸되고, 스승에게 무위의 지혜가 끊어져서 스승과 백성
은 도의 이름으로 사사로움을 주고받으며, 성인들의 공동체에
는 성인이 한 사람도 없다.

39장 神無以靈 將恐歇

服文綵는 지혜가 풍부함을 과시하는 것이다. (옷은 지혜를 상징
한다.) 학문은 권력자에게 봉사하는 도구로서 백성에게는 두려
움과 선망의 대상이다. 帶利劍은 법과 윤리로 백성을 겁주는
것이다. 규범은 사람을 죽이되 결코 사람을 살릴 수는 없다.
厭飮食은 명예와 재물에 탐닉하는 것이다. 자아를 상실한 스
승은 사람을 사랑할 줄 모르고 오직 사사로움을 사랑한다. 財
貨有餘는 스승이 백성에게 모든 것을 의존하고 있음을 지적한
다. 스승은 백성을 겁주고 간섭하면서 명예와 재물을 취하느라
여념이 없는데, 백성은 스승을 봉양하느라 등골이 휠 지경이다.

19장 見素抱樸

9장 揣而銳之

35장 樂與餌

盜夸는 도둑질하면서 뽐내는 것이다. 일반적인 도둑은 남의 것을 훔치는 행동이 부끄러워서 그것을 숨기려고 애를 쓴다. 그런데 하사는 백성의 마음과 재물을 훔치면서도 오히려 백성에게 은덕을 베푸는 것처럼 생색을 낸다. 도둑질을 하면서 뽐내는 일을 도저히 도라고 할 수는 없다.

盜夸는 道夸를 빗대어 풍자한다. 4장 象帝, 6장 谷神, 13장 寵辱 등과 비슷한 수법이다. 이에 관하여 13장의 설명을 참조하라. 大道는 무상의 선물이므로 남에게 뽐낼 이유가 없다. 그런데 하사는 자신이 갈고닦은 도를 뽐내면서 도탄에 빠진 천하를 구하겠다고 한다. 그가 도를 뽐내는 것은 백성의 것을 훔치려는 욕심이 있기 때문이다.

54장

善建者不拔 善抱者不脫 子孫以祭祀不輟

修之於身 其德乃眞 修之於家 其德乃餘 修之於鄉 其德乃長

修之於國 其德乃豊 修之於天下 其德乃普

故以身觀身 以家觀家 以鄉觀鄉 以國觀國 以天下觀天下

吾何以知天下然哉 以此

(백성을) 잘 세우는 사람은 (도에서) 뽑히지 않고, (기를) 잘 끌어안는 사람은 (도에서) 벗어나지 않으니, (그의) 자손이 제사를 그치지 않는다. 그것을 몸에 닦으면 그것이 덕스러워 참되고, 그것을 가정에 닦으면 그것이 덕스러워 여유롭고, 그것을 고을에 닦으면 그것이 덕스러워 (생명이) 자라고, 그것을 나라에 닦으면 그것이 덕스러워 (사랑이) 풍성하고, 그것을 천하에 닦으면 그것이 덕스러워 (도가) 두루 퍼진다. 그러므로 (성인은) 몸으로써 몸을 보고, 가정으로써 가정을 보고, 고을로써 고을을 보고, 나라로써 나라를 보고, 천하로써 천하를 본다. 내가 천하의 진면목을 어떻게 아는가 하면 이런 방법에 의해서이다.

善建은 무위의 애민치국이다. 성인은 백성이 도의 아들로 독립하도록 격려한다. 스승과 백성이 사사로움을 주고받으면 양쪽 모두 도에서 뿌리 뽑힌다.

41장 建言/建德若偸

善抱는 무지무욕으로 기를 받아들이는 것이다. 스승이든

10장 載營魄抱一
22장 抱一爲天下式

백성이든 무지무욕을 게을리하는 사람은 도를 완성하지 못하고 중도에서 탈락한다.

子孫은 성인의 제자들을 가리킨다. 제자들은 스승을 이어서 대대로 세상에 도를 증언한다. 성인들의 祭祀는 실제로 도와 뜻을 주고받는 일이다. 무지무욕은 자신을 도에게 바치고 도가 주는 복을 받아들이는 祭이며, 무위는 도를 세상에 드러내는 祀이다.

47장 不窺牖 見天道

이하 다섯 개의 之는 모두 '도'이다. 身, 家, 鄕, 國, 天下는 각각 쾌락, 재물, 명예, 권력, 다툼爭의 사건이 일어나는 장소 또는 집단의 전형典型이다. 성인은 身, 家, 鄕, 國, 天下에 대하여 도를 닦아 精, 微明, 襲明, 樸, 自然의 품성稟性을 발휘함으로써 眞, 餘, 長, 豊, 普의 공로를 세운다.

몸身은 감각적 쾌락의 주체이다. 쾌락을 추종하는 사람은 그저 영리한 짐승에 지나지 않으므로 육신의 생명활동이 멈추는 순간 여느 생명체와 다름없이 소멸할 수밖에 없다. 그러므로 성인은 쾌락에 대한 집착을 버리고 신적인 생명인 精을 취한다. 精은 몸을 참되게 한다. 성인은 몸과 마음, 말과 행동이 일치하므로 천하백성이 믿고 따를 수 있는 스승이다.

50장 動之死地 亦十有三

21장 其精甚眞 其中有信

가정家은 재물을 공유하는 집단이다. 가정에서는 혈연적 유대, 관습, 가장의 권위 등으로 재물에 대한 갈등이 봉합되어 있다. 재물에 집착하는 마음은 각박하다. 그러므로 성인은 재물

18장 六親不和 有孝慈

에 대한 집착을 버리고 미명을 취한다. 미명은 가정을 여유롭게 한다. 성인은 사람을 사랑하되 재물에는 초연하다.

고을鄕은 명예를 주고받는 집단이다. 고을은 너그러운 사람은 칭찬하고 인색한 사람은 비난함으로써 이기심을 통제한다. 명예는 자유로운 자아를 질식시킨다.` 그러므로 성인은 명예에 대한 집착을 버리고 습명을 취한다. 습명은 고을에서 생명이 자라게 한다. 성인은 도를 사랑하기로 결심한 사람을 제자로 삼아 도의 아들, 백성의 스승, 도의 친구로 길러낸다.` 13장 寵辱若驚

28장 大制不割

나라國는 권력의 위계로 이루어진 집단이다. 권력자는 백성을 동원하여 건축, 토목, 전쟁 등 대규모의 일을 벌이고 백성은 일에 몰두하면서 자아를 상실한다.` 그러므로 도의 친구들`은 권력에 대한 집착을 버리고 서로 격려하고 위로하면서` 천하에 도를 펼친다. 성인들의 공동체야말로 참된 나라이다. 52장 開其兌 濟其事
終身不救

28장 樸散則爲器

51장 養之覆之

天下는 모든 사람이 사사로움을 다투는 각축장이 되어 미움, 범죄, 전쟁 등이 끊이지 않는다. 그러므로 성인은 타인에게 의존하지 않으며, 일체의 규범에서 자유로우며, 어느 누구와도 다투지 않는 자연의 삶을 행동으로 보여준다. 자연은 천하에 도를 두루 퍼지게 한다. 누구든지 도를 사랑하는 사람은 자연의 신적인 자유를 누린다.

以身觀身에서 앞의 身은 精이고 뒤의 身은 쾌락의 주체로서의 육신이다. 身에 관하여 7장의 설명을 참조하라. 성인은 精

52장 旣得其母 復知其子

으로 몸을 몸답게 한다. 觀은 성인이 자신, 가정, 고을, 나라, 천하를 사랑하는 활동이다.<

以家觀家 이하 네 문장도 같은 의미구조이다. 성인은 미명으로 가정을 가정답게 하고, 습명으로 고을을 고을답게 하고, 도의 친구가 되어 나라다운 나라를 세우고, 자연의 자유로운 삶으로 천하를 천하답게 한다.

46장 天下有道
卻走馬以糞

성인은 새로운 성인들이 나타나 생명을 얻고, 싹 틔우고, 기르고, 완성하고, 누리는 것을 보면서 천하는 도가 신들을 낳고 기르고 수확하는 밭이라는 사실을 깨닫는다.<

──── 55장 ────

含德之厚 比於赤子

蜂蠆虺蛇不螫 猛獸不據 攫鳥不搏

骨弱筋柔而握固

未知牝牡之合而全作 精之至也

終日號而不嗄 和之至也

知和曰常 知常曰明

益生曰祥 心使氣曰强

物壯則老 謂之不道 不道早已

(성인이) 덕을 두텁게 머금은 것을 갓난아기에 비길 수 있다. 꿀벌, 전갈, 살무사, 뱀이 쏘지 않고 맹수가 할퀴지 않으며 사나운 새가 덮치지 않는다. 뼈는 약하고 힘줄은 부드러운데 손아귀를 단단히 쥐고 있다. 암수의 교합을 모르되 (홀로 사람을) 완전하게 만드니 씨앗이 지극하며, 종일 울어도 목이 쉬지 않으니 어우러짐이 지극하다. 어우러짐을 아는 것은 상이고, 상을 알면 밝다. 목숨을 늘리려고 하면 재앙을 부르고, 마음이 기를 부리면 강하다. 만물은 장성하면 늙으니 그것을 일컬어 도를 따르지 않는다고 하며, 도를 따르지 않으면 일찍 죽는다.

螫(석) 쏘다   攫(확) 움키다   筋(근) 힘줄   握(악) 손을 쥐다

號(호) 울다   嗄(사) 목이 쉬다

含德之厚는 50장 生生之厚와 대구를 이루어 도와 사람에

38장 處其厚 대한 믿음을 강조한다.˘ 含은 20장 食母와 연결되어 젖을 입에 물고 있는 모습을 연상시킨다. 赤子는 10장 嬰兒의 연장선상에 있는 상징이다. 성인은 도의 품에 안겨서 마음껏 기를 들이54장 善抱者不脫 키고 있다.˘

蜂은 칭찬, 蠆는 악의, 虺는 불의의 죽음, 蛇는 천수를 누린 후의 죽음을 상징한다. 세상 사람들은 남의 칭찬으로 기뻐하고 남의 악의에 분노하며, 가까운 사람이 불의의 죽음을 맞으면 슬퍼하다가도 세상일이 잘 풀리면 금방 죽음을 잊고 즐거워한다. 그리하여 蜂蠆虺蛇는 각각 희로애락喜怒哀樂을 가리킨다.23장 同於道者
道亦樂得之 성인은 희로애락에 개의치 않고 항상 도를 즐긴다.˘

猛獸는 살코기를 먹기 위해 사냥감을 덮친다. 쾌락과 재물을 상징한다.˘50장 虎無所措其爪 攫鳥는 땅에서 움직이는 사냥감을 채어가는 맹금猛禽, 말하자면, 뛰는 놈 위에 나는 놈이다. 명예와 권력을 상50장 兕無所投其角 징한다.˘ 성인은 쾌락, 재물, 명예, 권력의 유혹에 흔들리지 않는다.

骨은 욕구를 상징하며 骨弱은 사사로움이 없는 것이다. 筋38장 攘臂而扔之 은 학문과 권력을 상징하며,˘ 筋柔는 학문과 권력의 유혹을 물리침으로써 일을 벌이지 않는 것이다. 握固는 양손아귀에 무지와 무욕을 단단하게 쥔 모습이다. 성인은 무지무욕으로 욕36장 柔弱勝剛强 구를 다스림으로써˘ 무위자연을 누린다.

牝牡之合은 사사로움을 비유한다. 사사로움은 욕구의 대상

에 대한 집착이라는 점에서 짐승의 암수가 교미하는 것과 비
슷하다. 성인은 사사로움이 없이 일방적으로 천하백성을 사
랑하는데, 이것을 두고 갓난아기가 너무 어려서 남녀의 교합
을 모르는 것처럼 짓궂게 익살을 부렸다. 全作은 사람을 완전
하게 만드는 것이다. 성인은 새로운 성인들을 낳으며,^ㄱ 성인은   54장 子孫以祭祀不輟
누구나 완전하다.^ㄴ 이것은 精의 신적인 생명력에 의해 이루어   22장 曲則全/全而歸之
지는 일이다.

終日^ㄷ은 무위의 애민치국을 지시한다. 號는 천하백성에게   23장 驟雨不終日
도를 애타게 권유하는 것이며, 不嗄는 조롱과 반대에도 불구   26장 終日行
하고 사랑을 멈추지 않는 것이다. 성인은 오직 자연의 자유로
운 의지에 따라 천하백성을 사랑한다.^ㄹ   31장 不得已而用之
51장 勢成之

和는 음식^ㅁ을 함께 나누어 먹는^ㅂ 것이다. 이와 비교하여 私
는 음식^ㅅ을 보따리^ㅇ에 싸서 챙기는 것이며,^ㅈ 公은 보따리^ㅊ를   7장 能成其私
푸는 것^ㅋ이다.^ㅌ 그러므로 和는 私와 公에서 진일보하여 희생   16장 容乃公 公乃王
을 무릅쓰고 백성을 사랑하는 것이다. 至는 신적인 사랑을 나
타낸다.

知和曰常 知常曰明은 16장 復命曰常 知常曰明과 호응한다.
知和는 무조건적 사랑을 실천하는 것인데, 이것은 또한 도의
명령을 따르는 일이므로 復命이다. 이로써 성인은 자신의 고
유한 삶인 常을 실현하는 동시에 저절로 세상에 통달한다.

益生은 일을 벌임으로써 생명을 강화하려는 것이다.^ㅍ 스승   48장 爲學日益

과 백성이 서로 의존하면서 일을 크게 벌일수록 복이 굴러 들어오는 것처럼 보이지만 그들은 이미 크나큰 화를 입고 있다. 일에 파묻혀서 자아를 상실한 사람은 반드시 허무한 죽음을 맞기 때문이다. 祥은 자아의 상실과 죽음이다.

心使氣는 학문이 사람의 신적인 본성을 하인으로 부리는 것이며, 强은 권력을 가리킨다. 권좌에 오른 스승은 크고 복잡한 일을 벌이면서 백성을 마구 부려 먹는다. 스승은 교리, 법령, 의례, 조직, 건축, 토목, 예술 등에 의하여 신격화되고,˚ 백성은 감히 범접할 수도 없는 위대한 스승을 선망하면서 앞을 다투어 그에게 복종한다. 그러나 스승을 떠받치는 신적인 후광은 백성의 재물과 노역으로 조성된 것이고, 정작 스승이라는 사람은 제 운명도 책임지지 못하는 가련한 짐승에 지나지 않는다.

53장 盜夸

物壯則老 謂之不道 不道무已는 학문과 권력의 치명적 독성을 강조한다. 30장 物壯則老 是謂不道 不道무已를 참조하라.

56장

知者不言 言者不知

塞其兌 閉其門 挫其銳 解其紛 和其光 同其塵

是謂玄同

故不可得而親 不可得而疎

不可得而利 不可得而害

不可得而貴 不可得而賤 故爲天下貴

> (도를) 아는 사람은 (도에 관하여) 말하지 않고 (도에 관하여) 말하는 사람은 (도를) 모른다. 그 구멍을 막고 그 문을 닫으며, 그 날카로움을 꺾고 그 어지러움을 풀며, 그 빛을 아우르고 그 티끌을 모은다. 이를 현동이라고 한다. 그러므로 (천하백성은 현동을) 친밀하게 대할 수도 없고 소원하게 대할 수도 없으며, 이롭게 할 수도 없고 해칠 수도 없으며, 귀하게 여길 수도 없고 천하게 여길 수도 없으니, 그러므로 천하가 (현동을) 귀하게 여긴다.

　도를 아는 스승은 도를 말로 가르칠 수 없다는 것도 안다. 성인은 도를 실천하면서 겪은 사건을 비유로 지시할 수 있을 뿐이다. 비유를 이해하려면 스스로 도를 실천하여 그 비유가 지시하는 사건을 목격해야만 한다. 그러므로 도를 말로 가르치려는 스승은 도를 모른다고 단언할 수 있다.

노자는 상징적인 비유로 성인이 겪는 무의 사건을 요약한다. 塞其兌 閉其門은 52장에서, 挫其銳 解其紛 和其光 同其塵은 4장에서 따 온 것이다. 塞其兌 閉其門은 감각과 이성을 포기하고 기를 받아들이는 일이며, 挫其銳 解其紛은 기의 힘으로 사사로움을 소멸시키고 자연을 누리는 일이며, 和其光 同其塵은 자신이 누리는 자연을 천하백성과 함께 나누는 일이다. 4장과 52장의 설명을 참조하라.

54장 修之於國 其德乃豊 玄同은 성인들의 공동체이다.* 성인은 누구나 기를 통하여 도와 뜻이 통하고, 따라서 모든 성인들은 기를 통하여 서로 뜻이 통한다. 그들이 일으키는 현의 운동은 감각과 이성으로 알 수 없고 말로 표현할 수도 없다.

천하백성은 사사로움을 두고 서로 다투면서도 경쟁에서 우위를 차지하기 위해 다종다양한 집단으로 뭉친다. 이러한 집단들은 이기심과 공동선이라는 모순을 내포하기 때문에 상황에 따라 적과 동지의 관계를 바꾸면서 이합집산을 거듭한다. 사람들이 형성하는 모든 집단을 감성, 이성, 의지라는 의식意識의 세 차원에 상응하여 크게 세 범주로 나눌 수 있다. 54장의 家, 鄕, 國은 바로 이것을 예고한 것이다. 한편 18장에 소개한 仁義, 孝慈, 忠臣은 각각 鄕, 家, 國을 이끄는 윤리규범이다.

- 감성-親疎-家-孝慈 : 감성적 애착으로 얽힌 집단.
- 이성-利害-鄕-仁義 : 합리적 이해타산에 근거한 집단.
- 의지-貴賤-國-忠臣 : 선, 정의, 종교 등의 이념적 가치를

추구하는 집단. 스승은 귀하고 백성은 천하다.

하나의 집단에는 위 세 요소가 적당히 혼합되어 있다. 가족, 계모임, 동아리, 동호회, 학교, 기업, 조합, 자선단체, 종교단체, 정당, 종친회, 동창회, 연합회, 범죄단체, 국가, 국제기구 등등 그 어떤 종류의 집단도 예외가 아니다.

집단적 가치의 관점으로는 현동을 알 수 없다. 현동은 친소, 이해, 귀천의 관계를 넘어 자유로이 독립한 신들의 공동체이기 때문이다. 현동을 알아보려면 스스로 현의 운동을 일으켜서 모든 집단적 가치에서 해방되어야만 한다.

21장 吾何以知衆甫之狀哉 以此

- 성인들은 욕구에 초연하므로 천하백성은 그들과 친밀할 수도 없고 소원할 수도 없다. 현동은 감성적 경험의 대상이 아니다.
- 성인들은 사사로움이 없으므로 천하백성은 그들에게 이익을 줄 수도 없고 손해를 끼칠 수도 없다. 현동은 이성적 추리의 대상이 아니다.
- 성인들은 일체의 규범을 초월하는 자연의 신적인 자유를 누리므로 천하백성은 그들을 존경할 수도 없고 깔볼 수도 없다. 현동은 윤리적 가치로 판단할 수 있는 대상이 아니다.

현동은 신적인 사랑으로 결합되어 있으면서 아무 조건 없이 천하백성을 사랑하므로 천하에서 가장 귀한 공동체이다.

57장

以正治國 以奇用兵 以無事取天下

吾何以知其然哉 以此

天下多忌諱 而民彌貧 民多利器 國家滋昏

人多伎巧 奇物滋起 法令滋彰 盜賊多有

故聖人云

我無爲而民自化 我好靜而民自正

我無事而民自富 我無欲而民自樸

(성인은) 바른 본보기로써 나라를 다스리고, (하사는) 속임수로써 군사를 부리며, (누구든지) 일이 없음으로써 천하를 얻는다. 그렇다는 것을 내가 어떻게 아는가 하면, 다음과 같은 일들에 의해서이다. 천하에 꺼리는 것이 많으니 백성은 더욱 가난해지고, 백성에게 날카로운 도구가 많으니 국가는 더욱 어둡고, 사람들이 잔재주가 많으니 기괴한 물건들은 더욱 불어나고, 법령이 크게 떨치니 도적은 많아진다. 그러므로 성인이 이르되, 나는 하는 일이 없는데 백성은 스스로 변화하고, 나는 고요하기를 좋아하는데 백성은 스스로 바르게 되고, 나는 일을 벌이지 않는데 백성은 스스로 부유해지고, 나는 아무것도 원하지 않는데 백성은 스스로 통나무가 된다.

彌(미) 더욱   滋(자) 더욱   伎(기) 광대   巧(교) 공교하다

以正治國의 國은 현동이다. 성인은 스스로 도의 본보기가

됨으로써 현동을 다스린다.˙   8장 正善治

以奇用兵의 兵은 학문이다.˙ 하사가 천하를 취하면 반드시   31장 夫佳兵者 不祥之器
학문을 장려하고 일事을 벌이는데 이것은 권력을 키우기 위한
속임수이다.˙ 따라서 일이 없어야만 천하를 취했다고 말할 수   55장 益生曰祥
                                                          心使氣曰强
있다. 다음에 하사의 속임수 네 가지를 소개한다.

忌는 스승이 백성을 혐오하는 것이며 諱는 백성이 스승을
어려워하는 것이다. 그리하여 忌諱는 스승과 백성이 사사로움
을 주고받으면서 서로 사랑할 줄 모르는 것이다.˙ 백성은 스승   27장 雖智大迷
에게 잘 보이느라 자신을 돌아볼 겨를이 없다. 貧은 자아의 상
실을 가리킨다.

利器는 학문˙이며 昏은 경륜의 부재˙를 나타낸다. 사람을   53장 帶利劍
                                                          18장 國家昏亂
사랑할 줄 모르는 스승은 법과 윤리로 백성의 욕구를 다스리
려고 한다. 백성은 겉으로는 복종하지만 마음속에는 분노, 질
투, 미움이 쌓일 수밖에 없고˙ 나라는 다툼, 범죄, 반란, 전쟁   9장 揣而銳之 不可長保
등으로 혼란스럽다.

伎巧는 광대가 몸짓, 의상, 무대장치 등으로 관객을 현혹하
듯이, 스승이 권력을 키우려고 일을 벌이는 것을 풍자한다. 일
을 추진하다 보면 사람이 만물을 위하여 봉사하므로˙ 일은 '기   46장 戎馬生於郊
괴한 물건'이다. 스승이 권력을 탐내면 교육, 조직, 재정, 건축,
예술, 토목, 정치, 군사 등등 점점 크고 복잡한 일을 벌인다.

法令은 권력을 지시한다. 스승이 권좌에 오르면 盜賊을 막기 위한 법령을 시행한다. 그런데 법령은 솜씨가 서투른 잔 도적에게만 효과가 있을 뿐이고 능숙한 도적은 법령을 이용하여 더 크게 도적질을 한다. 법령이 많아질수록 법령을 이용하는 기술도 발달하므로 유능한 도적은 더 많아지고 모든 사람은 유능한 도적이 되기 위하여 경쟁한다. 스승은 법령의 힘으로 모든 것을 차지하여 가장 큰 부자가 되고, 백성은 모든 것을 빼앗기고 나서도 법령에 신경을 쓰느라 자신을 돌아볼 여유가 없다. 이런 스승은 모든 사람의 물건을 훔치고 모든 사람의 생명을 죽이는 가장 큰 도적이다.

하사의 네 가지 속임수에 대응하여, 성인은 네 가지 바른 본보기를 보여줌으로써 현동을 다스리는 동시에 천하를 얻는다. 스승과 백성이 서로 안팎으로 호응하면서 일치하고 있음을 주목하라.

無爲는 스승이 솔선하여 사사로움을 버림으로써 도를 증언하는 것이며, 自化는 백성이 스스로 무지무욕을 실천하여 기를 받아들이는 것이다. 好靜은 스승이 학문의 유혹을 이기고 믿음을 지키는 것이며, 自正은 백성이 스스로 도를 공경하고 사람을 사랑하는 것이다. 無事는 스승이 권력의 유혹을 이기고 일을 벌이지 않는 것이며, 自富는 백성이 스스로 자연의 신적인 자유를 누리는 것이다. 無欲은 스승이 애민치국 그 자체로 만족하는 것이며, 自樸은 백성이 스스로 도와 뜻이 통하는 친구가 된 것이다.

19장 絶聖棄智 民利百倍

19장 絶仁棄義 民復孝慈

19장 絶巧棄利 盜賊無有

28장 常德乃足

19장 見素抱樸 少私寡欲

58장

其政悶悶 其民淳淳 其政察察 其民缺缺
禍兮福之所倚 福兮禍之所伏 孰知其極
其無正 正復爲奇 善復爲妖 人之迷 其日固久
是以聖人方而不割 廉而不劌 直而不肆 光而不燿

> 그 정치는 힘겹고 그 백성은 수월하며, 그 정치는 꼼꼼하고 그 백성은 쩔쩔맨다. 화야말로 복이 기대는 바요 복이야말로 화가 숨는 곳이니, 누가 그 끝을 알겠는가! (천하에) 바른 본보기가 없어서 바른 것이 뒤집혀 어그러지고 잘하던 것이 뒤집혀 요사스러워졌으니, 사람들이 헤맨 날수가 참으로 오래되었다. 이 때문에 성인은 반듯하되 자르지 않고, 날카롭되 찌르지 않고, 곧되 방자하지 않고, 빛나되 반짝이지 않는다.

淳(순) 물을 대다　　劌(귀) 상처 입히다　　肆(사) 방자하다

其政悶悶 其民淳淳에서 其政은 성인의 정치, 其民은 현동의 백성이다. 悶悶은 스승이 사사로움과 싸워 이기는 모습이며 淳淳은 백성이 스승의 모범을 따라 무위자연을 누리는 모습이다. 스승과 백성이 모두 원하는 만큼 기를 받아들이면서 아무 부족함이 없다. ^{20장 我獨悶悶 — 본문에서는 [20장 我獨悶悶]}

其政察察 其民缺缺에서 其政은 하사의 정치이며 其民은 56장에서 소개한바 친소, 이해, 귀천으로 맺어진 집단의 백성이

20장 我獨悶悶

8장 正善治

20장 俗人察察

13장 寵辱若驚

다. 察察*은 스승이 백성의 잘잘못을 살피는 것이며 缺缺은 백성의 능력이 스승의 기대에 못 미쳐서 쩔쩔매는 것이다. 스승과 백성이 서로를 살피느라 자아를 상실하고 있다.*

45장 躁勝寒 靜勝熱

禍와 福이란 욕구의 좌절과 충족을 종교적 언어로 포장한 것이다.* 욕구가 좌절되지 않는다면 충족시켜야 할 욕구가 있을 수 없으므로 먼저 화가 닥쳐야만 나중에 복이 굴러 들어올 수 있다. 그러므로 복은 화에 의지한다. 한편 욕구를 충족시키면 새로운 욕구들이 연쇄적으로 일어나므로 조만간 욕구는 좌절되기 마련이다. 그러므로 복에는 이미 화가 숨어 있다. 화와 복은 서로 뗄 수 없이 의지하는 관계에 있다.

화와 복의 순환이 계속되고 난 다음에 마주쳐야 할 그 끝은 무엇인가? 허무한 죽음이다. 그 끝을 누가 알겠는가? 성인이다. 노자는 孰과 其로 부정법을 거푸 들이대면서 독자의 판단을 촉구한다. 성인은 누구나 쉽게 알 수 있는 단순한 사실을 그대로 인정하는 것뿐이다.

46장 卻走馬以糞

57장 奇物滋起

49장 德善

正은 사람이 만물의 주인 노릇을 하는 것이며* 奇는 만물이 사람의 주인 노릇을 하는 것이다.* 善은 선인과 악인을 모두 사랑하는 것이며* 妖는 선인을 사랑하고 악인을 미워하는 것이다. 학문과 권력은 사람의 본성과 행동을 거꾸로 뒤집어놓는다.

세상의 수많은 거짓 스승들은 일의 성패에만 관심을 두고 사람의 생사는 아랑곳하지 않는다. 도를 모르는 인생은 하루하루가 지옥이건만 천하백성은 찰나의 즐거움을 쫓느라 바로 코앞에 닥친 죽음을 보지 못한다. 이에 성인은 학문과 권력의 유혹에 결코 굴복하지 않고 진리의 본보기가 되리라고 결심한다.

方과 割, 廉과 劌, 直과 肆, 光과 耀는 서로 엇비슷한 뜻이므로 억지로 의미를 꿰맞추는 것은 곤란하다. 물론 의도적인 것이다. 57장과 비교하여 보면 方, 廉, 直, 光은 각각 無爲, 好靜, 無事, 無欲에 대응하며 割, 劌, 肆, 耀는 각각 忌諱, 利器, 伎巧, 法令에 대응한다. 노자가 말하려는 대강은 다음과 같다.

無爲, 好靜, 無事, 無欲이라고 한 것 때문에 성인은 세상과 두루뭉술하게 어울리는 스승이라고 오해하지는 말아야 한다. 성인은 襲明의 힘으로 모든 것을 반듯하게 다스리고, 微明의 힘으로 생명과 지혜, 참과 거짓을 엄정하게 구별하고, 타자에 의존하지 않는 自然의 신적 자유를 거침없이 누리고, 희생을 무릅쓰고 천하백성을 사랑하는 스승이다.

그러나 이렇게 말한 것 때문에 성인은 사람을 선인과 악인으로 나누어 차별하고, 악인의 잘못을 엄히 비판하고, 평범한 보통 사람은 감히 흉내 낼 수 없는 고상한 경지에 머물고, 백성 위에 자신을 높이는 스승이라고 오해하지는 말아야 한다. 성인은 모든 사람을 차별 없이 사랑하고, 악인의 허물을 끝없이 용서하고, 모든 사람을 믿고, 백성과 함께 생활하면서 눈높이를 맞추는 스승이다.

59장

治人事天莫若嗇 夫唯嗇 是以早服
早服謂之重積德 重積德則無不克
無不克則莫知其極 莫知其極可以有國
有國之母可以長久 是謂深根固柢長生久視之道

> 사람을 다스리고 하늘을 섬기는 것은 구두쇠 노릇만 못하다. (성인은)
> 오로지 구두쇠 노릇만 하니, 이로써 일찌감치 (도에) 승복한다. 일찌감
> 치 (도에) 승복하면 거듭 덕을 쌓으며, 거듭 덕을 쌓으면 이기지 못하는
> 것이 없다. 이기지 못하는 것이 없으면 아무도 그 끝을 모르도록 (다함
> 이 없으며), 그 끝을 모르도록 (다함이 없으면) 나라를 얻는다. 나라의
> 어머니를 소유하면 그로써 오래 살고 늙지 않으니, 이를 일컬어 뿌리를
> 깊게 하고 밑동을 단단히 하고 크게 자라고 멀리 내다보는 도라고 한다.

嗇(색) 구두쇠　　　柢(저) 밑동

治人事天은 하사의 애민치국을 가리킨다. 하사는 학문의
힘으로 治人을 하고 학문이 미치지 못하는 부분에 대한 보험
으로 事天을 행한다.ˇ 그러나 천하를 공정하게 다스리는 하늘
이 하사의 사사로운 욕심에 편승할 리가 없다.

47장 窺編

구두쇠가 오직 돈만 믿듯이 성인은 오직 도만 믿는다.ˇ 학문
과 미신으로는 도저히 인생의 활로를 찾을 수 없기 때문에ˇ 성

27장 善數不用籌策
42장 強梁者 不得其死

216

인은 망설이지 않고 일찌감치 도에 승복하는 것이다.

도에 일찌감치 승복하는 성인은 무지무욕으로 덕을 거듭 쌓는다. 덕을 거듭 쌓으면 사사로움, 학문, 권력, 일의 유혹을 이기고 결국에는 죽음을 이긴다. 죽음을 이기고 나면 천하백성에 대한 무조건적인 사랑이 끝없이 분출된다. 천하백성을 사랑할 줄 알면 현동의 스승이 된다. 有國은 현동의 스승이 되는 것이다.

28장 復歸於無極
51장 勢成之
54장 吾何以知天下然哉
以此

國之母는 도이다. 도는 현동을 낳고 기르는 어머니이므로. 따라서 有國之母는 도를 소유하는 것이다. 도를 소유하는 사람은 도의 아들이며, 도의 아들은 도와 더불어 오래 살고 늙지 않는다.

7장 天長地久
16장 道乃久
44장 長久

深根은 도와의 사랑이 깊어지는 것이며, 固柢는 도에 대한 믿음이 강화되는 것이며, 長生은 애민치국의 지혜가 자라는 것이며, 久視는 천하와 만물을 완전하게 다스리는 것이다. 성인의 애민치국은 마치 나무가 뿌리를 내리면서 밑동이 단단해지고 줄기가 크게 자라서 높은 곳에서 세상을 멀리 내다보는 것과도 같다. 深根固柢는 무지무욕과 微明이며, 長生久視는 襲明과 무위이다. 무지무욕은 事天이며, 무위는 治人이다. 따라서 深根固柢長生久視之道는 '事天治人의 도'가 된다.

26장 重爲輕根
26장 靜爲躁君
54장 祭祀

처음에 언급한 治人事天은 천하백성을 성공적으로 수탈하기 위하여 하늘이란 이름의 우상에게 도움을 청하는 일이다.

그에 비해 事天治人은 먼저 하늘의 지혜를 얻은 후에 하늘과
협력하여 천하백성을 살리는 일이다. 治人과 事天의 순서가
바뀌는 데에 따라 정반대의 결과가 나온다.

60장

治大國 若烹小鮮

以道蒞天下 其鬼不神

非其鬼不神 其神不傷人

非其神不傷人 聖人亦不傷人

夫兩不相傷 故德交歸焉

대국을 다스리는 것은 작은 생선을 삶는 것과 같다. 도로써 천하를 다스리면 그 귀신이 작용하지 않는다. (사실은) 그 귀신이 작용하지 않는 것이 아니라 그것이 작용하더라도 사람에게 상처를 입히지 않는 것이다. 그것이 작용하더라도 사람에게 상처를 입히지 않을 뿐 아니라 성인도 역시 사람에게 상처를 입히지 않는다. 무릇 둘이 서로 상처를 입히지는 않으니, 그러므로 (성인과 귀신의) 덕이 만나 (백성에게로) 돌아간다.

蒞(리) 다스리다　　神 신(사람)으로 행세하다

非 …亦　…뿐 아니라 …이다(not only …but also)

현동은 도와 협력하여 모든 것을 완전하게 다스리기 때문에 大國이다.

5장 풀무橐籥의 상징에서처럼 약간의 상상력을 발휘할 필요가 있다. 능숙한 요리사가 오지그릇에 작은 생선과 갖은 양념을 넣고 물을 부은 다음 화덕 불에 얹으면 생선과 양념이 어우

러져서 깊은 맛이 우러난다. 다음과 같이 대응할 수 있다. 요리
사=도, 오지그릇=천하,˙ 생선=현동, 양념=사사로움과 학문, 국
물=현동의 스승,˙ 화덕=만물, 불=사랑.

11장 旋埴以爲器
29장 天下神器
8장 上善若水

여기에서 만일 국물이 빠진다면 생선과 양념이 오지그릇에
눌어붙어서 요리를 망쳐버릴 것이다. 이처럼 성인이 사사로움
과 학문에 굴복하여 스승 노릇을 하지 못한다면 현동은 사라
지고 천하와 만물은 존재가치를 상실할 것이다.˙

39장 萬物無以生
將恐滅

鬼는 사사로움이 얽히고 뭉쳐서 만들어낸 심리적 콤플렉스
로서 다툼, 시기, 질투, 미움, 악의, 도둑, 강도, 살인, 전쟁, 죽
음 등 모든 혼란의 원인이다. 귀신은 생명과 죽음을 반대로 착
각한다. 神은 귀신이 사람 노릇을 하는 것이다.˙ 귀신은 사사
로움을 다투는 상대가 있어야 작용할 수 있으므로 사사로움이
없는 성인이 나타나면 귀신은 더 이상 작용하지 못한다.˙ 그리
하여 어떤 사람들은 성인의 본보기를 따라 도를 사랑하기로
결심한다. 새로운 성인이 탄생하는 순간이다.

55장 心使氣曰强

22장 夫惟不爭
故天下莫能與之爭

그런데 하사는 학문을 이용하여 사사로움을 생명으로 포장
한 다음˙ 새로운 성인을 유혹한다. 학문은 도에 대한 믿음에
상처를 내어 사람을 죽음으로 이끈다. 하사는 자신이 멸망하
는 것에 그치지 않고 백성의 스승 노릇을 하면서 그들까지 멸
망시키므로 보통의 귀신보다 더 고약한 귀신이다. 성인은 미
명의 힘으로 생명과 죽음, 참과 거짓을 식별함으로써˙ 고약한
귀신의 작용도 무력화시킨다.

18장 智慧出 有大僞

10장 明白四達

하사가 사람에게 상처를 입히지 못할 뿐만 아니라, 성인 역시 사람에게 상처를 입히지 않는다. 성인은 습명의 힘으로 학문의 유혹을 물리치기 때문이다.

兩은 하사와 성인이다. 하사가 성인에게 상처를 입힐 가능성은 있지만 실제로 상처를 입히지는 못한다. 성인은 어느 누구에게도 상처를 입지 않기 때문이다.ʼ 한편 모든 사람을 사랑하는 성인이 하사에게 상처를 입힐 리는 없다.ʼ

28장 知其榮 守其辱
50장 兵無所用其刃
49장 不善者吾亦善之

德은 38장에서 언급한 上德과 下德이다. 성인은 참된 생명의 본보기를 보여주고 하사는 죽음과 거짓의 본보기를 보여주므로 천하백성은 양쪽 모두에게 가르침을 받는다. 그리하여 하사는 자신도 모르게 성인과 협력한다. 歸焉ʼ은 성인들이 목격하고 있는 사건이다.

34장 萬物歸焉

61장

大國者下流 天下之交 天下之牝

牝常以靜勝牡 以靜爲下

故大國以下小國則取小國 小國以下大國則取大國 故或下以取

或下而取 大國不過欲兼畜人 小國不過欲入事人

夫兩者各得其所欲 大者宜爲下

> 대국이라면 아래로 흘러가니 천하의 벗이며 천하의 암컷이다. 암컷은
> 늘 고요함으로써 수컷을 이기며, 고요함으로써 아래로 간다. 그러므로
> 대국은 소국의 아래로 감으로써 소국을 취하며, 소국은 대국의 아래로
> 감으로써 대국을 취한다. 그러므로 어느 쪽이든 아래로 감으로써 (상대
> 방을) 취한다. 만약 (대국이 소국을) 공격하여 취한다면, 대국으로서는
> 짐승과 사람을 합치려는 것에 지나지 않고, 소국으로서는 (대국에) 들어
> 가 사람을 섬기려는 것에 지나지 않는다. 모름지기 양쪽이 각자 그 원하
> 는 바를 얻으려면 큰 쪽이 마땅히 아래로 가야 한다.

或 어느 쪽이든지(whichever), 만일(if)

下 아래로 가다, 공격하다

앞 60장에서처럼 大國은 현동이다. 현동은 사랑의 충동에
밀려서 천하의 낮은 곳으로 내려가 백성과 함께 생활한다. 현
동은 천하백성 누구나 찾아와서 사귈 수 있는 벗이며, 새로운
성인들을 잉태하고 낳고 기르는 암컷이다.

32장 川谷之於江海

짝짓기 철이 되면 초식동물의 수컷들은 암컷들을 독점하기 위해 목숨을 걸고 머리를 부딪는다. 암컷들은 수컷들의 경쟁이 끝날 때까지 조용히 기다렸다가 가장 강한 수컷의 아래로 내려가서 씨를 받아들인 다음 튼튼한 후손을 생산한다.

牝牡는 초식동물의 암수로서 각각 성인과 천하백성을 상징한다. 靜˚은 무위의 고요함이다. 勝牡는 백성을 감동시켜서 마음의 문을 열게 하는 것이며,˚ 爲下는 새로운 성인들을 섬기는 것이다.˚ 성인은 홀로 완전한 후손을 낳는 신이다.˚

45장 清靜爲天下正

43장 無有入無間

31장 吉事尚左
39장 高以下爲基
55장 未知牝牡之合而全作

小國은 56장에서 언급한 친소, 이해, 귀천으로 엮인 집단들이다. 현동은 소국에게 도를 알리기 위하여 소국의 아래로 내려가고, 소국은 현동에게 도를 배우기 위하여 현동의 아래로 내려간다. 어느 쪽이든지 상대방보다 낮게 내려감으로써 상대방을 취하며, 이때 소국은 현동으로 변화되면서 현동은 더 확장된다.˚

60장 治大國 若烹小鮮

현동의 스승이 하사로 전락하면 도는 학문으로 변질되고 현동은 세력을 불리려는 목적으로 소국을 공격하여 취한다.˚ 이것은 현동으로서는 사람과 짐승을 함께 섞어서 백성의 숫자를 늘리려는 것에 불과하고, 소국으로서는 현동으로 들어가 스승을 섬김으로써 마음의 평화를 얻으려는 것에 불과하다. 사람을 섬기는 것은 짐승이며, 짐승에게 의지하는 스승도 짐승이다. 성인들의 운명은 위태로워지고 현동은 사라질지도 모른다.

60장 非其鬼不神

현동이 소국을 취하는 목적은 소국의 백성을 짐승에서 사람으로 격상시키는 것이며, 소국이 현동을 취하는 목적은 성인들의 모범을 따라 짐승에서 사람으로 격상되는 것이다. 위에서 살펴본바, 현동과 소국이 각자 원하는 바를 달성하려면 둘 다 아래로 내려가야만 하는데 소국은 남을 이기려고 하는 집단이므로 결코 남보다 먼저 아래로 내려가지는 않는다. 현동이 먼저 아래로 내려가는 모범을 보여야만 소국도 안심하고 아래로 내려갈 수가 있다. 이로써 양쪽 모두 원하는 것을 달성한다.

한 사람이 가정, 직장, 학교, 동호회, 정당, 국가 등 여러 개의 소국에 동시에 소속되는 것은 조금도 이상한 일이 아니다. 소국을 모조리 탈퇴하는 것은 가능하지도 않거니와 억지로 그렇게 한다면 큰 혼란이 일어나리라는 것을 충분히 예상할 수 있다. 현동은 소국과 공통점이 조금도 없으면서도 소국 안에 존재한다. 성인은 자신이 속한 소국들의 가치에서 해방됨으로써 현동의 백성이 된다.

62장

道者萬物之奧 善人之寶 不善人之所保

美言可以市 尊行可以加人 人之不善 何棄之有

故立天下 置三公 雖有拱璧以先駟馬 不如坐進此道

古之所以貴此道者何

不曰以求得 有罪以免邪 故爲天下貴

도라는 존재는 만물의 아랫목이니, 선한 사람의 보물이요 선하지 않은 사람의 피난처이다. 아름다운 말은 시장에 내놓을 수 있고 존엄한 행동은 사람을 감동시킬 수 있으니, 사람이 선하지 않다고 하여 어찌 버리는 일이 있겠는가? 그러므로 (새로운 왕이) 천하를 세우고 3공을 둘 때에 (하사가) 비록 큰 구슬을 준비하여 사두마차를 앞세워 (왕을 방문한다고 하더라도), (성인이) 앉아서 이 도를 내놓느니만 못하다. 옛날에 이도를 귀하게 여겼던 것은 왜일까? 그것으로 (무엇인가) 얻기를 구하거나, 죄를 짓고 그것으로 빠져나갔다고는 말하지 말라! 그러므로 천하가 (도를) 귀하게 여긴다.

三公 太尉, 太師, 太保　　駟馬 수레를 끄는 네 마리 말

성인의 애민치국으로 말미암아 만물이 거듭 풍성한 의미를
얻으므로⟩ 도는 만물을 따뜻하게 덮혀주는 아랫목과도 같다.　34장 萬物歸焉

善人은 현동의 백성이며 不善人은 소국의 백성이다.⟩ 도는　27장 不善人者 善人之資

현동의 백성에게 거듭 새로운 생명, 지혜, 자유를 주고 있으므로 그 무엇과도 바꿀 수 없는 보물이다. 또한 도는 소국의 백성이 언제든지 찾아가서 보호를 받을 수 있는 피난처이다. 도는 만반의 준비를 갖추고 그들이 찾아오기를 기다리고 있다. 노자도 전에는 不善人이었던 적이 있었기 때문에 이를 잘 안다.

31장 夫佳兵者　　美言은 학문이다.˘ 학문은 시장에 내어놓은 상품이므로 그것을 배우려면 당연히 대가를 지불해야 한다. 하사는 미사여구, 관록, 복장, 행사, 건축, 사교 등으로 학문을 아름답게 포장하여 상품가치를 높인다. 그러므로 학문에는 기대하는 만큼의 실속이 없다. 더구나 학문을 인생의 길잡이로 삼는 경우에는 죽음을 피할 수 없다.

尊行은 성인의 사랑이다. 사랑은 도의 뜻을 받드는 일이므로 존엄하다.˘ 加에는 '공격하다'의 뜻이 있는데 노자는 이것
51장 道之尊
43장 馳騁天下之至堅 을 '감동시키다'로 전용하였다.˘ 성인은 백성에게 아무 대가를 받지 않고 도를 가르치고, 나아가 그들의 모욕과 반대를 너그러이 용서한다. 성인이 겪는 고통은 일시적이지만 백성이 얻을 것은 무엇과도 비교할 수 없는 귀중한 보물이기 때문이다. 성인의 존엄한 사랑은 백성의 마음을 움직여서 도에 대한 사랑을 불러일으킨다.

학문을 상품으로 파는 스승은 수업료를 내지 못하거나, 권위에 복종하지 않거나, 실력이 없거나, 출세에 실패하는 등 자신에게 도움이 되지 않는 제자는 가차 없이 포기한다. 그러나 성

인은 도를 실천하지 않는 사람이라도 결코 포기하지 않는다.˚ 49장 不信者吾亦信之

위대한 영웅이 나타나 새로운 왕조를 세우면 널리 인재를 모집한다. 三公의 높은 벼슬을 차지하려면 왕에게 유세를 해야 하겠는데 구중궁궐에 머무는 왕을 아무나 만날 수 있는 것은 아니다. 그리하여 하사는 빚을 내서라도 의복을 갖추어 입고 의장을 꾸민 수레에 올라 왕을 접견하러 간다. 拱璧은 두 손으로 들어야 하는 큰 구슬로서 학문을 가리킨다. 그가 겉모습을 화려하게 포장하는 것을 보면 그가 내세우는 학문은 별로 실속이 없음이 분명하다. 학문이 정말로 쓸모가 있다면 왕쪽에서 체면을 돌보지 않고 그의 집으로 찾아가서 가르침을 청할 것이다.

성인은 자신의 집에 앉아서 찾아오는 사람 누구에게나 도를 아낌없이 내어준다.˚ 풀어 말하면, 무위자연을 즐기면서 진리 36장 國之利器
不可以示人
를 찾는 사람들에게 무지무욕을 권유한다.˚ 此道는 성인이 품 3장 常使民無知無欲
고 있는 '이' 도이며 그것은 곧 성인의 삶 자체이다. 성인을 믿고 도를 실천하는 사람은 스스로 도가 임명한 후왕이 된다.

하사가 어렵사리 三公으로 채용된다 하더라도 기껏 왕을 보필하며 그의 눈치를 보는 신세가 된다.˚ 그에 비해 후왕은 三 13장 寵辱若驚
德˚을 실천함으로써 도의 보필을 받아˚ 천하와 만물을 완전하 42장 三生萬物
30장 以道佐人主者
게 다스린다. 성인의 도는 참으로 쓸모가 있기 때문에 겉을 화려하게 꾸밀 필요도 없고 권력자를 찾아다니며 유세를 할 필요도 없다. 이상으로 미루어 성인의 도는 학문과는 비교할 수도 없이 훌륭한 지혜임에 틀림이 없다.

15장 古之善爲士者 | 古'는 성인을 가리키며 此道는 바로 지금 독자의 앞에 제시된 '이' 도이다. 성인이 도를 귀중하게 여기는 이유는 무엇일까?

3장 不尙賢 使民不爭 | 求得은 왕에게 지위와 봉록을 구걸하는 것으로서' 명예와 재물을 지시한다. 성인은 도를 이용하여 기껏 헛된 사사로움을 취하려는 것이 아니다.

罪는 법을 어긴 것이다. 여기에서 법은 법령, 윤리, 관습, 양심 등 사람의 행동을 규제하는 일체의 규범이다. 법은 죄를 낳고 죄는 더 복잡한 법을 낳는다. 법과 죄는 서로 꼬리를 물고 악순환을 거듭하며 확대 재생산된다. 그리하여 소국의 백성은 모두 죄인이다. 성인은 기껏 도의 힘으로 죄를 벗어난 후에 다시 법을 지키려는 것이 아니다. 그러한 도는 또 다른 종류의 법에 지나지 않으므로 백성에게 새로운 죄를 덧씌울 뿐이다.

도는 성인에게 신적인 생명, 신적인 지혜, 신적인 자유를 준다. 성인은 모든 것을 다스림으로써 모든 법을 완성하며 이로써 죄는 저절로 흔적도 없이 사라진다. 도는 사람의 삶 자체이기 때문에 천하에서 가장 귀하다.

───── 63장 ─────

爲無爲 事無事 味無味

大小 多少 報怨以德

圖難於其易 爲大於其細

天下難事 必作於易 天下大事 必作於細

是以聖人終不爲大 故能成其大

夫輕諾必寡信 多易必多難

是以聖人猶難之 故終無難矣

> 무위에 힘쓰고, 일이 없도록 관리하며, 맛없는 것을 맛본다. 작은 것을 크게 여기고, 적은 것을 많게 여기며, 원한을 덕으로 갚는다. 그 쉬운 것에서 어려운 것을 도모하고, 그 사소한 것에서 큰일을 한다. 천하의 어려운 일은 반드시 쉬운 것에서 만들어지고, 천하의 큰일은 반드시 사소한 것에서 만들어진다. 이 때문에 성인은 끝끝내 큰일을 하지 않으니, 그러므로 그 큼을 이룬다. 무릇 (일을) 가벼이 허락하면 반드시 (도에 대한) 믿음이 적거니와, 쉬운 일이 많으면 반드시 어려운 일이 많다. 이 때문에 성인은 오히려 그것을 어렵게 여기니, 그러므로 끝끝내 어려움이 없다.

爲無爲는 무지무욕, 事無事는 무위, 味無味는 애민치국이다. 사랑으로 포장된 사사로움은 맛이 좋지만 사사로움이 없는 참된 사랑은 맛이 없다.

3장 爲無爲則無不治
48장 損之又損
35장 樂與餌

35장 淡乎其無味

성인은 작은 사사로움도 크게 여기고, 두 가지의 일도 많게 여겨서 오직 도를 실천하는 일만 하며,˙ 자신을 미워하는 사람에게 원한을 품는 대신 그를 믿고 사랑한다.˙

27장 善數不用籌策
59장 嗇
49장 德善/德信

圖難은 무지무욕이며 其易는 무위이다. 성인은 무지무욕으로 의심을 해소함으로써 무위를 지키며˙ 이로써 인생의 어려움을 미리 대비한다. 무위로써 이기지 못하는 어려움은 없다.˙

42장 沖氣以爲和
59장 無不克

爲大는 애민치국이며 其細는 무위이다. 성인은 무위자연의 일상적인 삶에 충실함으로써 현동을 다스리고 천하를 살리는 큰일을 한다.

天下難事는 죽음이다. 무지무욕을 게을리하면 믿음이 흔들려서 반드시 학문에 의지하게 된다. 불의의 사고, 사업의 실패, 질병, 재난 등 큰 어려움이 닥치면 허둥지둥 당황할 수밖에 없고 아무러한들 나 자신의 죽음이라는 가장 큰 어려움은 도저히 해결할 수 없다.

天下大事는 전쟁이다. 스승이 권력에 맛을 들이면 처음에는 사소한 일을 벌이지만 성공을 거듭할수록 일은 걷잡을 수 없이 확대되어 결국 전쟁이라는 가장 큰일로 발전한다.

34장 能成其大

終不爲大의 大는 일이며 能成其大˙는 大는 애민치국이다. 성인은 학문과 권력의 유혹에 굴복하지 않으므로 끝끝내 큰일을 벌이지 않으며, 이로써 애민치국의 공로를 세운다.˙

57장 我無事而民自富

만일 스승이 가벼이 일을 벌인다면 믿음이 부족한 것이다. 그는 사사로움과 학문을 믿되 도를 믿지 않고 사람도 믿지 않는다.

17장/23장
信不足焉 有不信焉

무위는 자연의 본성을 따르는 일이므로 쉽지만 사사로움과 싸워 이기는 일이므로 어렵다. 무위가 너무 쉽게 느껴진다면 사사로움에 굴복하였기 때문이며, 이것은 무지무욕을 게을리 한 결과이다. 무위를 떠나면 세상은 다시 무거운 짐으로 다가온다. 학문의 힘으로 온갖 어려운 문제를 해결하느라 바삐 움직이다가 인생의 종점에 이르면 도저히 풀 수 없는 죽음이 크게 입을 벌리고 있다.

31장 勝而不美而美之者
是樂殺人

이 때문에 성인은 쉬운 무위를 어렵게 여겨서 꾸준히 무지무욕을 실천하며, 이로써 인생의 모든 어려움은 물론 죽음이라는 가장 큰 어려움도 해결한다.

64장

其安易持 其未兆易謀 其脆易泮 其微易散

爲之於未有 治之於未亂

合抱之木 生於毫末 九層之臺 起於累土 千里之行 始於足下

爲者敗之 執者失之 是以聖人無爲故無敗 無執故無失

民之從事 常於幾成而敗之 愼終如始則無敗事

是以聖人欲不欲 不貴難得之貨 學不學 復衆人之所過

以輔萬物之自然而不敢爲

그 편안함을 쉽게 유지하고, 그것이 기미가 없을 때에 쉽게 도모하고, 그것이 무를 때에 쉽게 녹이고, 그것이 미세할 때에 쉽게 흩어버린다. (일이) 있기 전에 손쓰고 (일이) 어지러워지기 전에 다스린다. 아름드리나무는 털끝만 한 것에서 자라고, 아홉 층의 누대는 흙 한 무더기에서 올라가고, 천 리 길은 발밑에서 시작한다. 그것을 주무르는 자는 무너뜨리고, 그것을 잡는 자는 놓친다. 이 때문에 성인은 (천하를) 주무르지 않으므로 무너뜨리지 않고, 잡지 않으므로 놓치지 않는다. 백성이 일을 하는 것을 보면 늘 (일이) 거의 이루어질 무렵에 그것을 무너뜨리는데, 시작할 때처럼 끝까지 신중해야만 일을 그르치지 않는다. 이 때문에 성인은 원하지 않기를 원함으로써 얻기 어려운 물건을 귀하게 여기지 않으며, 배우지 않기를 배움으로써 사람들이 지나치는 것을 회복한다. 이로써 만물이 스스로 변화하도록 거들되 감히 주무르지 않는다.

脆(취) 무르다　　泮(반) 녹다　　愼(신) 삼가다　　輔(보) 돕다

其安은 무위자연이다.〞무위는 단순하게 자신의 본성을 따 35장 安平太
라 사는 일이므로 편하고도 쉽다.〞무위자연은 무지무욕으로 63장 圖難於其易
뒷받침된다. 무지무욕의 효과를 세 가지로 소개한다.

其未兆〞는 사사로움의 유혹으로 무위를 벗어나려는 조짐이 20장 我獨泊兮其未兆
나타나기 직전이다. 이때 즉시 신적인 생명력인 精을 강화시
키면 사사로움은 저절로 사라진다.

其脆는 사사로움에 굴복하여 학문에 이끌리기 시작한 것이
다. 이를 일찌감치 알아채고 습명을 강화시키면 학문의 허상
이 저절로 드러난다.

其微는 학문에 굴복하여 일을 막 벌이기 시작한 것이다.〞일 14장 搏之不得 名曰微
이 커지면 많은 자금과 인력이 투여되고 사람들의 이해관계가
얽히므로 일을 그만두기가 어렵다. 일이 커지기 전에 미명을
강화시키면 일의 필요성이 저절로 사라진다.

성인은 일이 발생하지 않도록 미리 손쓰며, 일이 발생하였
더라도 탐욕, 다툼, 시기, 질투, 미움, 범죄, 살인, 전쟁 등의 혼
란으로 발전하기 전에 미리 다스린다.

合抱之木은 19장 見素抱樸과 대비되어 사사로움에 굴복한
스승을 가리킨다. 毫末은 사사로움의 유혹 앞에서 현과 욕구
의 양자택일을 하는 위기의 순간이다. 현의 운동을 멈추는 순
간 성인은 하사로 전락한다.

20장 如春登臺   九層之臺는 학문을 가리킨다.ʳ 9는 10의 완전함에서 1이 모자란 숫자이다. 학문은 진리와는 정반대의 방향으로 가기 때문에 진리에 도달할 것 같은 느낌을 주면서도 결코 도달하지 못한다. 스승이 도에 대한 믿음을 잃는 순간 도저히 하늘에 닿을 수 없는 누대가 올라가기 시작한다.

47장 不行而知   千里之行은 일을 가리킨다.ʳ 1,000=10×10×10이다. 10은 각각 하늘과 땅과 사람의 완전함을 상징하며, 이에 따라 1,000은 신을 상징한다. 스승이 권좌에 오르면 큰일을 벌이면서 자
60장 非其鬼不神   신을 하늘과 땅 사람을 모두 지배하는 신으로 치장한다.ʳ 처음에는 의식주의 체면치레와 같은 소소한 일로 시작된 것이 나중에는 조직, 건축, 예술, 토목, 외교, 전쟁 등의 큰 사업으로 확장된다.

為者敗之 執者失之에 관하여는 29장의 설명을 참조하라.

為는 법과 윤리로 사람의 욕구를 다스리는 것이다. 사람의
45장 躁勝寒 靜勝熱   욕구를 억압하면 분노와 우울증을 피할 수 없다.ʳ 無爲는 사람의 자유로운 본성을 살리므로 실패하지 않는다.

執은 학문으로 세상을 연구하는 것이다. 학문은 미와 선만을 추구하므로 세상을 부분적으로만 알 수 있을 뿐인데 그것마저도 세상을 안다고 말할 수 없다. 無執은 무의 운동으로 세
10장 明白四達   상에 통달하는 것으로서ʳ 미명과 습명을 가리킨다. 되돌아보면, 14장 執古之道는 미명, 35장 執大象은 습명에 해당한다.

성인은 오직 도를 믿음으로써 단 하나의 티끌도 잃지 않고 모든 것을 살린다.'

4장 同其塵

하사는 학문으로 세상을 연구하고 법과 윤리로 사람의 욕구를 억누른다. 일이 어느 정도의 성과를 거두기도 하고 때로는 새로운 세상이 바로 코앞에 다가온 것처럼 여겨지기도 하지만, 성공의 즐거움을 누리기도 전에 벌써부터 새로운 다툼과 혼란이 미어져 나온다. 학문은 사람을 다스리지 않고 사람의 욕구를 다스리기 때문에 처음부터 실패를 안고 있다.

愼終如始의 始는 무지무욕이며 終은 무위이다. 성인은 현의 운동으로 모든 것을 다스리므로 실패하지 않는다. 다음에는 삼덕을 하나씩 풀어서 설명한다.

欲不欲은 욕구에서 해방되기를 원하면서 도의 지혜를 구하는 것이다. 무지의 덕을 가리킨다. 難得之貨는 재물이다. 성인은 도를 사랑하고자 재물에 대한 집착을 버린다.

學不學은 도에게서 학문을 포기하는 것을 배우는 것이다. 무욕의 덕을 가리킨다. 衆人之所過는 8장 衆人之所惡와 호응하여 참된 자아인 '나'를 가리킨다. 성인은 미명을 얻어 '나'를 회복한다.

輔는 수레에 무거운 짐을 실을 때에 바퀴살을 보강하는 덧방나무이다. 천하를 짐수레, 만물을 수레바퀴,' 습명을 바퀴덧

11장 三十輻共一轂

방나무에 비유하였다. 그렇다면 도는 짐수레꾼이 되겠다. 사람의 自然은 무위이며, 만물의 自然은 사람의 자연에 호응하는 것이다.˙ 성인은 습명의 힘으로 만물을 하나도 빠짐없이 애민치국으로 활용한다. 不敢爲˙는 학문과 타협하지 않겠다는 단호한 의지를 표현한다.

34장 萬物歸焉

3장 使夫智者不敢爲也

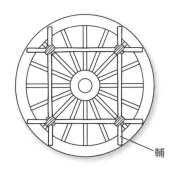

輔

65장

古之善爲道者 非以明民 將以愚之

民之難治 以其智多

故以智治國 國之賊 不以智治國 國之福

知此兩者亦稽式 常知稽式 是謂元德

元德深矣遠矣 與物反矣 然後乃至大順

> 옛날에 도를 잘 펼친 사람은 그로써 백성을 깨우치지 않고, 그로써 그들을 어리석게 하고자 하였다. 백성을 다스리기 어려운 것은 그들이 꾀가 많기 때문이다. 그러므로 나라를 꾀로 다스리면 나라의 도적이요, 나라를 꾀로 다스리지 않으면 나라의 복덩이이다. 이 두 가지를 알면 또한 손잡이를 헤아려낸다. (성인은) 늘 손잡이를 헤아려낼 줄 아는데, 이를 원덕이라고 한다. 원덕은 깊고 멀어서 (처음에는) 만물을 거스르지만, 그런 다음에 비로소 크게 순조롭기에 이른다.

稽(계) 헤아리다

古之善爲道者는 천하백성의 스승으로서의 성인이다. 15장 古之善爲士者

오직 도만이 백성을 지혜롭게 만들 수 있다. 제아무리 지혜로운 스승이라도 도를 대신하는 것은 불가능하다. 19장 絶聖棄智 民利百倍
53장 唯施是畏

愚는 백성으로 하여금 자신이 어리석다는 사실을 깨닫도록

237

하는 것이다. 학문의 한계를 아는 사람이야말로 참으로 지혜롭다.˺ 그런 사람은 반드시 도를 실천하여 참된 지혜를 얻는다.

20장 我愚人之心也哉

하사는 사사로움을 학문이라는 상품으로 포장하여 제자들을 끌어모은다.˺ 단순히 사사로움을 추구하는 사람은 자신이 진리를 모른다는 것을 인정하기가 쉽다. 명색이 만물의 영장인 사람으로서 덧없이 사라지는 것을 진리라고 주장할 수는 없을 것이다. 그러나 학문을 팔고 사는 스승과 제자는 스스로 진리를 안다고 믿어 의심치 않기 때문에 마음의 문을 열기가 더 어렵다.

62장 美言可以市

그러므로 학문에 의지하여 현동을 다스리는 스승은 백성의 재물과 목숨을 아울러 빼앗는 도적이다.˺

57장 法令滋彰 盜賊多有

학문을 포기한 스승은 도의 가르침을 받는다.˺ 사람은 도 이외에 다른 어떤 곳에서도 참된 지혜를 얻을 수가 없다. 제자는 스승의 모범에 따라 무지무욕을 실천함으로써 스스로 도와 뜻이 통하는 친구가 된다.˺ 이런 스승은 현동이 흥성하도록 하는 복덩이이다.˺

10장 愛民治國能無知乎

57장 我無欲而民自樸
60장 治大國 若烹小鮮

式은 사람의 참된 개성인 曲을 지시한다.˺ 성인은 꾀의 치명적 해독과 도의 크나큰 복을 알기 때문에 꾀를 버리고 무의 어두움을 더듬어서 사람을 살리는 생명의 손잡이인 曲을 헤아려낸다. 曲은 현을 품은 참된 자아, 곧 '나'이다. '나'는 너무나 중요하기 때문에 유와 무의 양쪽 측면에서 확인해야만 한다. '나'

22장 抱一爲天下式
28장 爲天下式

는 유로부터는 결코 오지 않고 오직 무로부터 온다.˺ 　　　　　　22장 曲則全 枉則直

亦은 저 멀리 22장 抱一爲天下式과 28장 知其白 守其黑 爲
天下式을 지시한다. 기의 활동, 스승과 제자의 사랑, 학문의 유
혹으로 관심의 초점이 옮겨지고 있다.

성인은 늘 생명의 손잡이를 헤아려낼 줄 알기 때문에˺ 천하 　16장 復命曰常 知常曰明
와 만물을 완전하게 다스린다. 이것이 바로 애민치국의 덕, 곧
元德이다. 元德에 관하여는 51장의 설명을 참조하라.

원덕은 도에 뿌리를 내리면서 천하와 만물을 뒤덮는다.˺ 원 　59장 深根固柢
　　　　　　　　　　　　　　　　　　　　　　　　　　　長生久視之道
덕은 백성의 꾀를 무력화시키므로 반드시 저항에 부딪힐 수밖
에 없고 이때 믿음이 흔들리기 쉽다. 성인은 끈질기게 무지무
욕을 실천함으로써 믿음을 강화시키며˺ 그런 연후에야 비로 　42장 沖氣以爲和
소 도와 전폭적으로 뜻이 통하여 일이 순조롭게 풀린다.

66장

江海所以能爲百谷王者 以其善下之 故能爲百谷王
是以欲上民 必以言下之 欲先民 必以身後之
是以聖人處上而民不重 處前而民不害 是以天下樂推而不厭
以其不爭 故天下莫能與之爭

> 강과 바다가 백곡의 왕이 될 수 있는 것은 그가 기꺼이 아래로 가기 때문이다. 그러므로 백곡의 왕이 될 수 있다. 이 때문에 (스승이) 백성의 위로 올라가기를 원하면 반드시 말로는 내려가며, 백성보다 앞서기를 원하면 반드시 몸소 뒤로 간다. 이 때문에 성인은 위에 몸담아도 백성은 눌리지 않고, 앞에 몸담아도 백성은 가로막히지 않는다. 이 때문에 천하가 즐겨 (성인을 왕으로) 추대하면서 싫증 내지 않는다. 그는 다투지 않기 때문에 천하는 그와 더불어 다툴 수 없다.

害(해) 방해하다   推(추) 추대하다   厭(염) 싫증내다

32장 川谷之於江海
19장 絶聖棄智 民利百倍

江海는 천하백성의 스승으로서 성인을 가리킨다. 百谷의 百은 10×10으로서 도와 사람의 결합을 상징하며, 谷은 谷神을 가리킨다. 그리하여 百谷은 현동의 백성(=제자)이며 百谷王은 현동의 스승이다. 성인은 제자에 솔선하여 천하의 아래로

61장 大國者下流

내려감으로써 현동의 스승 노릇을 한다.

스승이 자신의 권위를 높이고자 하면 반드시 말로 자신을

낮추고 제자에게는 행동으로 낮아지기를 요구한다.˼ 스승과 42장 或損之而益
제자는 서로 감시하고 눈치를 보느라 도를 사랑하지 못한다.

  스승이 사사로움에 굴복하면 반드시 도를 학문으로 변질시
켜서 자신은 뒤에서 도를 연구하고 천하에 도를 펼치는 궂은
일은 제자에게 맡긴다. 제자는 도를 배우는 비용을 지출하였
으므로 백성에게 그 이상의 보상을 받아내야만 한다. 스승과
제자는 재물과 명예를 주고받는 대신에 참된 생명인 현을 상
실하며, 소국은 사랑에 목말라 죽어간다.˼ 身을 중의법으로 활 39장 谷無以盈 將恐竭
용하여 육신과 현을 동시에 가리킨다. 7장에서 身을 동어이의
수법으로 활용한 것과 비교하라.

  하사의 어리석음을 거울삼아 성인은 제자에 솔선하여 행동
으로 애민치국을 실천한다.

  성인은 도에 익숙하므로 제자보다 높지만 몸소 천하의 낮은
곳으로 내려가서 소국을 사랑하며,˼ 제자는 스승의 눈치를 보 39장 高以下爲基
지 않고 자연의 본성에 따라 도를 사랑하는 데에 전념한다.

  스승은 제자에 솔선하여 사사로움과 학문의 유혹을 이겨내
면서 소국을 더욱 사랑한다.˼ 제자는 스승의 모범을 따라 무조 7장 後其身而身先
건적이고 일방적인 사랑을 실천하며, 소국의 백성은 성인들의
모범을 따라 사사로움을 버리고 도를 사랑한다.˼ 23장 同於德者
德亦樂得之

  성인은 사람의 신적인 본성을 회복시키므로 현동과 소국은

54장 修之於天下
其德乃普

23장 同於道者
道亦樂得之

모두 성인을 왕으로 추대하면서 싫증 내지 않는다.^{`</sup> 樂推는 천하백성이 자연을 회복하고 있음을<sup>`} 에둘러 표현한다. '싫증厭'은 본성의 구속에서 오는 감정이다.

성인은 백성과 사사로움을 다투지 않고 그들의 신적인 본성인 자연을 살리기 때문에 천하의 어느 누구도 그와 다투지 못한다. 끝까지 성인과 다투려는 사람은 자연을 회복하지 못하고 죽는다.

67장

天下皆謂我道大似不肖 夫唯大故似不肖

若肖 久矣其細也夫

我有三寶 持而保之 一曰慈 二曰儉 三曰不敢爲天下先

慈故能勇 儉故能廣 不敢爲天下先 故能成器長

今舍慈且勇 舍儉且廣 舍後且先 死矣

夫慈以戰則勝 以守則固 天將救之 以慈衛之

천하의 (하사는) 모두 나의 도는 커서 닮을 수 없어 보인다고 말하지만, (도를) 그저 크게 여기기 때문에 닮을 수 없어 보이는 것이다. 만일 (그들이 도를) 닮았더라면 그것은 아주 작아진 지 오래되었을 터인데! 나는 세 보물이 있어서 그것들을 지녀 간직하는데, 첫째 사랑이요, 둘째 검소함이요, 셋째 감히 천하의 앞에 나서지 않는 것이다. (성인은) 사랑하므로 용감하고, 검소하므로 널리 베풀고, 감히 천하의 앞에 나서지 않으므로 으뜸 그릇이 된다. 요즈음에는 사랑을 버리면서 용감하고, 검소함을 버리면서 널리 베풀고, 뒤를 버리면서 앞으로만 가니, 그저 죽을 뿐이다. (성인은) 무릇 사랑으로 (사사로움과) 싸워서 이기고, 사랑으로 (백성을 학문으로부터) 지키므로 단단하니, 하늘이 그들을 구하고 사랑으로 그들을 지켜줄 것이다.

肖(초) 닮다   舍(사) 버리다   儉(검) 검소

我道는 중의법으로 활용되어 '노자의 도'인 동시에 천하백

성 개개인이 직접 취해야 할 '나의 도'이다. 肖는 아들이 아버지를 닮는 것이다. 하사에게 노자의 도는 너무나 커서 그러한 도를 닮는 것은 도저히 불가능하게 보일 것이다.

夫唯大는 학문을 고집하면서 도를 비웃는 것이다. 하사는 눈에 보이지 않는 도에 결코 관심을 돌리지 않고 눈에 보이는 만물에 집착함으로써 만물을 닮는다. 5장 芻狗, 50장 兕虎, 55장 猛獸/攫鳥/牝牡, 60장 鬼 등이 그것이다.

하사가 도에 관한 이야기를 듣자마자 곧바로 학문을 포기하고˘ 도를 닦기 시작하였더라면 벌써 오래전부터 도는 아주 작아졌을 것이다. 도는 기를 통하여 아들과 일치하고 있으면서 그의 삶에 그대로 녹아들어 있다. 그러므로 성인이 하는 일 하나하나가 모두 도이다. '노자의 도'는 커 보이지만 도를 실천하면서 목격하는 '나의 도'는 아주 작다.˘

42장 強梁者 不得其死

63장 爲大於其細

62장 善人之寶

노자는 도에게서 세 보물을 받아 굳게 간직한다.˘ 이것들은 아버지를 닮은 아들이 발휘하는 신적인 품성稟性이며, 또한 노자의 자기 고백이기도 하다.

19장 絶仁棄義 民復孝慈

慈˘는 신적인 사랑이다. 성인은 도를 닦아 아무 조건 없이 일방적으로 천하백성을 사랑한다.

53장 唯施是畏

儉은 사람을 사랑하되 사사로움을 사랑하지 않는 것이다.˘ 성인은 도를 닦아 모든 사람에게 모든 것을 베풀되 지혜를 가르치는 대가로 재물과 명예를 구하지 않는다.

不敢爲天下先은 감히 지혜로운 스승을 자처하지 않는 것이
다. 성인은 늘 자신이 부족하다는 것을 인정하고 도의 지혜를
구하며, 도는 겸손한 그를 맞아 홀로 선 자, 지혜로운 자, 유능한
자로 격상시킨다. 성인은 도를 닮아 겸손한 사람들을 제자로
삼아 모두 홀로 선 자, 지혜로운 자, 유능한 자로 격상시킨다.

7장 後其身而身先

39장 侯王自謂孤寡不穀

성인은 백성을 사랑하기 때문에 그들의 허물을 용감하게 용
서할 수 있다. 천하백성은 사사로움에 눈이 가려서 죽음을 생
명으로, 거짓을 참으로, 친구를 적으로 착각한다. 성인은 그들
을 죽음의 고통에서 건지기 위해 조롱과 반대를 기꺼이 무릅
쓴다.

63장 報怨以德

성인은 검소하기 때문에 선인과 악인을 가리지 않고 모든
사람을 사랑할 수 있다. 성인은 아무 조건을 달지 않고 도를
권유하므로 원하는 사람은 누구나 자유로이 도를 실천하여 생
명을 얻는다.

41장 廣德若不足

성인은 겸손하기 때문에 사람이 얼마나 귀한 존재인지를 알
며, 이 때문에 현동의 스승 노릇을 할 수 있다. 器長은 현동의
스승을 가리킨다.

28장 樸散則爲器
66장 百谷王

今은 하사를 가리키는 상징어이다.

14장 執古之道
以御今之有

하사는 백성을 사랑할 줄 모르고 그들의 잘잘못을 꼼꼼히 살펴서 허물을 용감하게 지적한다. 그는 남에게 신경 쓰느라 자아를 상실하고 있다.

53장 盜夸 하사는 검소할 줄 모르고 지혜를 널리 베푸는 것처럼 생색을 내면서˘ 자신을 지지하는 사람은 사랑하고 자신을 반대하는 사람은 미워한다. 천하백성은 여러 소국들로 뭉치고 흩어지면서 반목과 투쟁을 멈추지 않는다.

하사는 감히 지혜로운 스승을 자처하면서 무능한 자, 어리석은 자, 실패한 자들을 뒤에 버려두고 유능한 자, 지혜로운 자, 성공한 자들만을 이끌고 계속 전진한다.

하사는 도를 닦지 않았으므로 애민치국은 그저 명분뿐이고 백성을 휘몰아쳐서 함께 죽음을 향해 달려갈 뿐이다. 세 개의 솖를 등장시킨 다음 맨 뒤에 死를 배치하여 삼보를 버리면 죽는다는 것을 강조한다. 음운 '사[sa]'의 호흡을 눈여겨보라.

성인은 사랑으로 애민치국의 전쟁을 치르기 때문에 반드시 승리를 거둔다. 즉, 성인은 백성의 허물을 무한히 용서함으로 62장 尊行可以加人 써 그들의 마음을 감동시킨다.˘ 勝˘은 소국의 백성이 사사로 31장 勝而不美 움을 버리고 도를 사랑하기 시작한 사건이다.

전쟁에서 승리하고 나면 성인은 사랑으로 전리품을 지킨다. 즉, 성인은 감히 도와 학문을 뒤섞어서 백성이 도를 실천하지

못하도록 훼방하지 않으며ʼ 그들이 사사로움과 싸워 이기는 66장 處前而民不害
고통을 위로하고 격려한다. 固는 현동의 백성이 기를 받아들
이는 사건을 지시한다.ʼ

36장 微明

天將救之 以慈衛之에서 두 개의 之는 각각 소국과 현동이
다. 도는 성인의 사랑에 호응하여 소국을 죽음에서 건질 것이
며, 현동을 사사로움과 학문의 유혹에서 지켜줄 것이다.

이제 도는 천하백성을 차별 없이 사랑하는 아버지라는 것을
알았으니 도가 너무 커서 닮을 수 없다는 걱정은 접어도 되겠
다. 아들이 아버지를 닮는 것은 너무나 당연하다.

* * *

愛와 慈는 둘 다 '사랑'이지만 전자는 백성에 대한 동정과
연민을 강조하며 후자는 도에서 오는 사랑의 충동ʼ을 강조한 31장 不得已而用之
다. 양자는 또한 각각 기와 세에 상응한다.

68장

善爲士者不武
善戰者不怒 善勝敵者不與 善用人者爲之下
是謂不爭之德 是謂用人之力 是謂配天古之極

> 무사 노릇을 잘하는 자는 자만하지 않는다. 잘 싸우는 자는 분노하지 않고, 적을 잘 이기는 자는 (적과) 상대하지 않고, 사람을 잘 부리는 자는 그를 위하여 (자신을) 낮춘다. 이를 다투지 않는 덕이라 하고, 이를 사람을 부리는 힘이라 하며, 이를 천고의 끝에 짝한다고 한다.

성인은 선비다운 선비이므로 善爲士者이다. 士는 文士와 武士를 아울러 지칭한다. 이를 활용하여 성인의 애민치국을 무사가 전쟁을 치르는 모습에 비유한다.

39장 自謂孤寡不穀　　성인은 늘 자신의 능력이 부족함을 인정하고 무지무욕으로 애민치국의 지혜를 강화한다. 무지무욕은 무위를 실천하기 위한 군사훈련과도 같다. 다음의 세 문장은 순서대로 67장 三寶의 능력에 해당한다.

분노怒는 자신의 몫을 위협하는 경쟁자에게 느끼는 감정이다. 따라서 분노는 사사로움의 발로이다. 성인은 사사로움이 없으므로 백성의 허물에 분노하지 않고 그들을 무한히 용서한

다. 허물을 고치는 것보다 사람을 살리는 것이 중요하다. - 慈故能勇

敵은 학문이다. 학문은 상대적인 진리이므로 남을 공격하여 이김으로써 그 타당성을 확보한다. 하사가 학문에 근거하여 도를 공격하는 경우에 상대하지 않는 것이 상책이다. 도는 학문을 넘어서는 진리이므로 도와 학문의 논쟁은 성립하지 않는다.⸗ 성인은 오직 무위의 삶으로 진리를 증언하며, 누구든지 진리를 원하는 사람은 성인의 모범에 따라 진리를 얻는다. - 傹故能廣

50장 兵無所用其刃

用人⸗은 현동의 백성을 애민치국의 인재로 양성하는 것이다. 성인은 제자들의 눈높이로 다가가 그들이 도의 친구로 완성되기까지 위로하고 격려한다.⸗ - 不敢爲天下先 故能成器長

28장 聖人用之則爲官長

28장 大制不割
51장 養之覆之
61장 以靜爲下

不爭之德은 소국을 살리는 덕이며, 用人之力은 현동을 다스리는 힘이다. 그리하여 성인은 천하를 다스리는 후왕이다.⸗

66장 天下樂推而不厭

天古는 성인이 도와 결합하는 사건이고⸗ 天古之極은 도를 가리킨다. 그러므로 配天古之極은 도와 짝을 이루는 것이다. 도와 성인은 부부처럼 호흡이 맞는다.

1장 天地之始
14장 古始

---------------------------------- 69장 ----------------------------------

用兵有言
吾不敢爲主而爲客 不敢進寸而退尺
是謂行無行 攘無臂 執無兵 扔無敵
禍莫大於輕敵 輕敵幾喪吾寶
故抗兵相加 哀者勝矣

> 병법에 이르되 나는 감히 주인이 되지 않고 손님이 되겠으며, 감히 한 치를 진격하지 않고 한 자를 후퇴하겠다. 이를테면 행군하는데 군대의 행렬이 없고, 걷어붙이는데 팔뚝이 없고, 잡는데 무기가 없고, 쳐부수는데 적이 없다. 적을 가벼이 여기는 것보다 큰 화가 없으니, 적을 가벼이 여긴다면 아마도 나의 보물을 잃을 것이다. 그러므로 무기를 맞대고 서로 공격하면 슬퍼하는 자가 이긴다.

34장 萬物歸焉而不爲主
15장 儼兮其若客

성인은 감히 천하의 주인 노릇을 하면서 권력을 탐내지 않으며, 오히려 무로부터 와서 무로 돌아가는 나그네임을 기억하고 사사로움을 홀가분하게 포기한다.

1장 玄之又玄

성인은 감히 천하로 나아가 사사로움을 다투지 않으며, 오히려 무로 물러나 현의 운동으로 자신과 천하백성의 생명을 살린다. 1尺은 10寸이며, 10은 현의 완전함을 상징한다.

行無行에서 앞의 行은 애민치국이며[24장 跨者不行] 뒤의 行은 소국을 가리킨다. 성인은 소국의 백성을 친소, 이해, 귀천의 집단적 가치에서 해방시켜서 홀로 살아있는 도의 아들로 변화시킨다.

24장 跨者不行
26장 終日行
27장 善行無轍迹

성인은 소매를 걷어붙이고 백성이 사사로움을 버리는 고통을 위로한다. 臂는 권력을 가리킨다.

無兵은 無의 지혜인 미명이며, 執無兵은 미명으로 학문의 속임수를 꿰뚫어보는 것이다. 성인은 하사와 진리에 관하여 논쟁하지 않고 오직 무위의 삶으로 진리를 증언한다.

학문은 微明으로 이겨야 할 적이지만 사사로움은 성인 자신이 만들어내는 허상이므로 無敵, 즉 적이 아니다. 성인은 습명으로 사사로움을 쳐부수면서 백성의 잘못을 무한히 용서한다.

38장 攘臂而扔之는 권좌에 오른 스승이 백성을 끌어당기는 모습이다. 그에 비해 성인은 백성에 대한 집착을 쳐부순다. 같은 扔으로 서로 상반되는 의미를 취하여 성인의 권위는 백성이 아닌 도에게서 온다는 것을 강조한다. 한편 攘臂와 攘無臂로 하사와 성인의 애민치국이 극명하게 대비된다.

輕敵은 학문의 교활성을 과소평가하는 것이다. 학문은 곧잘 여러 가지의 아름다운 말로 사사로움을 포장한다. 머리에 떠오르는 대로 자비, 정의, 평화, 인권, 진리, 사랑, 깨달음, 자유, 애국, 인류애, 공동선 등등을 들 수 있다.[65장 民之難治 以其智多] 이런 속임수에 넘어

65장 民之難治 以其智多

46장 禍莫大於不知足

가면 죽음을 피할 수 없다. 禍˚는 죽을 운명을 뜻한다. 寶는 삼보이다. 도를 사랑하지 않으면 삼보를 잃고 애민치국에 실패한다.

抗兵相加는 현동과 소국이 무기를 맞대고 전투를 벌이는 모습이다. 62장 尊行可以加人에서 加는 '감동을 주다'인데 이는 '공격하다'라는 원래의 뜻을 전용한 것이다. 이번에는 그 두 가지의 뜻을 동시에 활용하여 습명과 학문이 전혀 다른 종류의 지혜임을 강조한다. 소국은 현동을 공격하지만 현동은 소국을 68장 善勝敵者不與 너그러이 용서함으로써 그들을 감동시킨다.˚ 그러므로 양자의 전투는 성립하지 않는다. 현동은 늘 이기고 있으되 소국은 스스로 승패를 결정해야만 한다.

31장 殺人之衆
以哀悲泣之 슬픔哀˚은 귀중한 것을 잃은 감정이다. 사람은 자아를 잃을 때에 가장 큰 슬픔을 겪는다. 사람에게 '나'보다 더 중요한 것은 없기 때문이다. 성인은 소국의 공격을 받을 때마다 무지무욕으로 자아를 잃는 슬픔을 겪으면서 새로운 자아로 거듭난다. 새로운 자아는 더욱 도를 닮아서 새로워진 삼보의 힘으로 소국을 더욱 극진히 사랑한다. 만일 소국의 백성이 사사로움을 버리고 도를 실천한다면 그는 거짓 자아를 잃는 슬픔을 겪으면서 참된 자아로 거듭난다. 그가 잃는 것은 어리석음과 죽음의 허상이며 얻는 것은 삼보를 품은 신적인 생명이다. 현동과 소국은 모두 자아를 잃는 슬픔을 겪고 삼보를 얻음으로써 67장 慈以戰則勝 전투에 이긴다.˚

70장

吾言甚易知 甚易行 天下莫能知 莫能行

言有宗 事有君 夫唯無知 是以不我知

知我者希 則我者貴 是以聖人被褐懷玉

내 말은 매우 쉽게 알 수 있고 매우 쉽게 실천할 수 있으나, 세상 사람들은 (내 말을) 알지도 못하고 실천하지도 못한다. (내) 말에는 종갓집이 있고 (내가 하는) 일에는 임금이 있는데도 (천하백성은) 그저 모르쇠 하니, 이 때문에 나를 알지 못한다. 나를 아는 사람은 드물고 나를 본받는 사람은 귀하다. 이 때문에 성인은 베옷을 입고 구슬을 품는다.

吾言은 독자가 지금 읽고 있는 도덕경이다. (긴박감을 살리기 위하여 노자가 지금 말하고 있는 것처럼 표현하겠다.) 도덕경은 내가 스스로 도를 실천하면서 목격한 바를 독자에게 증언한다. 학문의 허구성을 솔직히 인정하고 나면＊ 도덕경의 뜻을 알기가 매우 쉬우며 도덕경이 말하는 대로 도를 실천하기도 매우 쉽다. ＊42장 强梁者 不得其死

그런데 하사는 학문으로 귀가 닫혀서＊ 도덕경의 비유를 알아듣지 못하고 사사로움에 가로막혀서＊ 도를 실천하지 못한다. ＊12장 五音令人耳聾 ＊12장 難得之貨令人行妨

言은 무위의 애민치국이며＊ 宗은 삼보이다. 종갓집에 대하여는 4장의 설명을 참조하라. 事는 삼보를 얻는 일, 곧 무지무 ＊2장 不言之敎 ＊35장 道之出口

63장 爲無爲 욕이다.˚ 도는 무와 유를 다스리는 임금으로서 도를 사랑하는 누구에게나 삼보를 내려준다. 도는 믿을 만한 임금이라는 것을 내가 보증하니 독자는 내가 실천하는 삼보로 미루어 나를 믿고 도를 사랑하기 바란다.

그런데 많은 선비들은 도덕경에 아예 무관심하거나 어느 정도 관심을 기울이다가도 중간에 딴청을 부린다. 그들은 욕구를 추종하는 거짓 자아에 사로잡혀서 자신이 얼마나 귀한 존재인지를 알지 못하며 알려고도 하지 않는다. 지금의 無知는 목석처럼 아무 생각이 없는 것이다. 그들은 참된 자아인 '나'를 알지 못하므로 나를 알지 못한다. (我는 중의법으로 활용되어 노자와 백성 개개인을 동시에 가리킨다.)

세상에는 도를 사랑하는 사람이 드문 만큼 '나'를 아는 사람도 드물며, 그에 따라 나를 아는 사람 역시 드물다. 나를 본받아 '나'의 본성을 따르는 사람은 도의 아들이므로 귀하다. (則我는 노

17장 我自然 자를 본받아 도를 실천하는 것이며, 그것은 또한 '나'의 본성을 따르는 것˚이다.)

세상 사람들은 죽음의 길을 재촉하느라 성인의 말에 고집스럽게 귀를 기울이지 않는다. 그러나 성인은 그들에게 도를 강요할 수 없다. 도는 스스로 선택해야 할 자유로운 길이기 때문이다. 褐은 거친 삼베로 지은 상복이며, 玉은 도를 가리킨다. 성인은 상복을 입고 사사로움과 학문을 고집하는 사람들의 죽음을 미리 조상하는 한편, 생명의 진리를 품고 누구든지 죽음

62장 坐進此道 을 두려워할 줄 아는 사람에게 그것을 내어준다.˚

——— 71장 ———

知不知上 不知知病
夫唯病病 是以不病
聖人不病 以其病病 是以不病

(도를) 알면서 모르는 것이 좋다. (도를) 모르면서 아는 것은 병이다. 모름지기 병을 병으로 여긴다면, 이 때문에 병들지 않는다. 성인이 병들지 않는 것은 그가 병을 병으로 여기기 때문이다. 이 때문에 병들지 않는다.

　도는 성인을 아들로 삼아 모든 것을 다스리는 능력을 부여하고 있으며, 아들은 아버지의 품 안에서 끊임없이 자아를 쇄신하고 있다. 성인은 너무나 큰 도 앞에서 겨우 존재하는 자신을 자각하면서도ʼ 더없는 기쁨을 누린다. 성인이 도를 알면 알 [6장 綿綿若存] 수록 도는 더욱 알 수 없는 존재로 다가온다.ʼ 그리하여 도는 [59장 莫知其極] 어디까지나 무이다. 따라서 도를 제대로 실천하는 사람은, 역설적이게도, 도를 알면서도 도를 모른다.

　도를 모르는 것은 죽음에 이르는 병이다. 그런데 도를 모르는 것 자체는 심각한 병이 아니다. 누구든지 도를 알고자 하면 도가 직접 그에게 자신을 알려주기 때문이다. 도는 죽을병을 고쳐주는 의사이다. 그런데 하사는 도를 이론적으로 연구하면서 도를 안다고 주장하며 자신이 아는 것을 남에게 가르친다.

도를 실천하여 몸소 자기부정을 겪지 않으면 도를 알 수 없으므로 그가 실제로 도를 아는 것은 아니다. 그는 도를 모르면서도 도를 안다고 생각하고 그렇게 주장하고 있을 뿐이다. 그 누구도 아는 사람을 가르칠 수는 없으므로 도는 그의 병을 고쳐줄 수가 없다.

성인도 하사도 도를 모른다는 점에서는 똑같다. 성인은 자신이 도를 모른다는 사실을 잘 알고 도를 알기를 원하기 때문에 도는 그의 병을 고쳐준다. 이리하여 성인은 늘 병을 고치면서 살아있다. 그런데 하사는 도를 모르면서도 도를 안다고 자부하기 때문에 도는 그의 병을 고쳐줄 수가 없다. 죽을병을 고치지 않으면 죽을 수밖에 없다. 병을 병으로 여기는 것과 병이 병인 줄을 모르는 것의 차이로 말미암아 생사의 운명이 갈린다.

---------- 72장 ----------

民不畏威 則大威至

無押其所居 無厭其所生

夫唯不厭 是以不厭

是以聖人自知不自見 自愛不自貴

故去彼取此

> 백성이 권위를 두려워하지 않으면 큰 권위가 다가온다. (성인은) 그들이 머무는 곳을 옥죄지 않고, 그들이 자라는 것을 누르지 않는다. (성인은) 결코 누르지 않으니 이 때문에 (백성은) 싫증 내지 않는다. 이 때문에 성인은 자신을 알되 자신을 드러내지 않고, 자신을 아끼되 자신을 귀하게 여기지 않는다. 그러므로 (성인은) 저것을 버리고 이것을 취한다.

권력은 물리적 폭력과 권위의 결합으로 이루어진다. 통상 폭력은 권위보다 더 큰 통치비용을 발생시키며 폭력을 사용하는 상황은 권력자에게 위험하다. 그러므로 노련한 권력자일수록 폭력보다 권위에 더 많이 의존한다. 권위를 높이는 수단으로는 관록, 교양, 학식, 칭호, 의복, 건축, 예술, 의전, 외교 등등을 들 수 있다. 권위는 생사여탈권을 자애로운 어버이의 모습으로 포장하기 때문에 신과 비슷한 풍모를 지닌다.

38장 失義而後禮

두려움威은 약자가 강자 앞에서 느끼는 감정이다. 약자의 운명은 강자의 변덕에 좌우되므로 약자는 강자가 두렵지 않을 수 없다. 그런데 죽음은 가장 강하면서도 가장 변덕스러운 자이다. 죽음은 언제든지 자신이 원하는 때에 자신이 원하는 사람을 덮쳐온다. 그러므로 사람에게는 죽음이 가장 두렵다.

그런데 소국의 백성은 종종 권위를 죽음보다도 더 두려워하면서 권위에 복종함으로써 죽음을 이길 수 있다고 착각한다.[17장 其次畏之] 권위는 신의 흉내를 내면서 죽음에 대한 두려움을 마비시킨다. 이 때문에 저 용감한 가미카제 대원들은 천황폐하 만세를 외치며 목숨을 티끌처럼 버렸던 것이지만, 동서고금에 걸쳐서 이와 비슷한 크고 작은 예는 무수히 많다.

성인의 권위는 오직 도에 의존할 뿐이고 백성에게는 조금도 의존하지 않는다. 도는 죽음 너머에 존재하기 때문에 처음에 도를 만나는 사람은 누구나 큰 두려움을 느낀다. 그런데 성인은 도가 두려운 존재이기는커녕 너무나 사랑스러운 존재라는 것을 안다. 성인은 도를 닮아 도의 권위를 지닌다. 성인의 권위는 처음에는 두렵게 느껴지지만 성인을 믿고 죽음을 직시하는 사람은 사랑스러운 도를 대면하게 된다.

威는 하사의 권위, 大威는 성인의 권위이다. 하사의 권위는 죽음에 대한 두려움을 마비시킴으로써 사람을 죽이고, 성인의 권위는 죽음에 대한 두려움을 깨뜨림으로써 사람을 살린다. 그러므로 하사의 권위를 용감하게 벗어난 사람은 반드시 성인의 권위를 만난다.

押과 厭은 비슷한 뜻이지만 전후 문맥상 押은 법과 윤리로 행동을 규제하는 것이며, 厭은 일을 벌임으로써 생명활동을 억누르는 것이다. 厭^염은 壓^압의 고자^{古字}이다. 居는 무위, 生은 무지무욕을 지시한다. 성인은 행동으로 도의 모범을 보이고 백성은 스승의 모범에 따라 도를 실천한다. 백성이 도를 사랑하는 일에 스승이 개입할 여지는 전혀 없다.

厭에 '누르다^엽'와 '싫증 내다^염'의 두 가지 뜻이 있는 것을 이용하여 익살을 부렸다. 스승이 누르면 백성은 싫증 내고 스승이 누르지 않으면 백성은 싫증 내지 않는다. '싫증厭'은 본성이 구속되기를 거부하는 감정이다.

66장 樂推而不厭

自知는 자신이 도의 아들임을 아는 것이며 自見은 지혜를 자랑하는 것이다. 성인은 도의 지혜로 말미암아 도의 아들이 되었기 때문에 감히 지혜로운 스승을 자처하며 윤리와 법으로 백성을 옥죄지 않는다. 백성에게 지혜를 주는 스승은 오직 도이다.

33장 自知者明

22장 不自見故明

自愛는 자신의 생명을 아끼는 것이며 自貴는 자신의 권위를 높이는 것이다. 성인은 자신의 생명을 아끼기 때문에 학문에 굴복하지 않으며, 백성의 생명이 얼마나 귀중한지를 잘 알기 때문에 감히 자신의 권위를 높이기 위하여 일을 벌이지 않는다.

57장 我無事而民自富

彼는 威, 此는 大威이다. 성인은 '저 멀리' 백성에게 의존하는 권력을 버리고 '여기' 내 안에서 넘쳐흐르는 사랑을 취한다.

8장 心善淵
67장 夫慈以戰則勝
以守則固

259

12장, 38장에 이어 去彼取此가 세 번째로 등장하였다. 사사로움과 현, 학문과 믿음, 권력과 사랑의 양자택일을 통하여 생사의 갈림이 점점 구체화된다.

사쿠라꽃을 흔들며 가미카제 대원을 환송하는 여고생들

──── 73장 ────

勇於敢則殺 勇於不敢則活 此兩者或利或害

天之所惡 孰知其故 是以聖人猶難之

天之道 不爭而善勝 不言而善應 不召而自來 繟然而善謀

天網恢恢 疏而不失

감히 (누르는 일에) 용감하면 (백성을) 죽이고 감히 (누르지) 않는 일에 용감하면 (백성을) 살리는데, 이 둘 중에 어떤 것은 이롭고 어떤 것은 해롭다. 하늘이 미워하는 것(이 있으니) 누가 그 까닭을 아는가? 이 때문에 성인은 그것을 오히려 어렵게 여긴다. 하늘의 도는 다투지 않고도 (소국을) 잘 이기고, 말하지 않아도 (백성은) 잘 대답하고, 부르지 않아도 (백성은) 스스로 오고, 오롯하게 (애민치국을) 잘 도모한다. 하늘의 그물은 아득히 넓어서, (그물코는) 성기지만 (무엇 하나) 놓치지 않는다.

繟(천) 넉넉하다   謀(모) 꾀하다   恢(회) 넓다

敢은 조동사이고 생략된 본동사는 厭*이다. 하사는 감히 용감하게 백성을 누름으로써 백성을 죽이되, 성인은 용감하게 감히 백성을 누르지 않음으로써 백성을 살린다. 백성을 누르는 데에는 백성을 죽이는 용기가 필요하고, 백성을 살리는 데에는 백성을 누르지 않는 용기가 필요하다. 백성의 스승인 성인은 늘 권력의 유혹에 노출되어 있다.

72장 夫唯不厭

　　사람을 죽이는 것은 사람에게 해롭고 사람을 살리는 것은 사람에게 이롭다. 그런데 하사는 권력욕에 눈이 멀어서 이 당연한 사실을 반대로 착각한다. 그래서 노자는 굳이 부정법을 사용하여 或利或害라고 한다. 하사와 성인 중에서 정녕 어느 쪽이 백성을 사랑하는지를 독자 스스로 잘 생각해보라는 의미이다.

　　'하늘이 미워하는 것'은 물론 하사의 권위이겠지만 노자는 일부러 답을 보류하고 '누가 그 까닭을 아는가?'라는 두 번째 질문을 중첩시킨다. 도가 하사의 권위를 미워하는 까닭은 그것이 사람을 죽이기 때문이다. 도는 하사를 미워하는 것이 아니라 죽음을 고집하는 그의 어리석음과 어리석음을 진리로 포장하여 남에게 가르치는 그의 무모한 용감성을 미워하는 것이다. 하늘이 하사의 권위를 미워한다는 것과 그 미워하는 까닭을 잘 아는 사람은 하늘과 뜻이 통하는 성인이다.

　　그런데 성인은 하사의 권위를 버리는 일을 '오히려' 어렵게 여긴다.ᐟ 하사의 권위가 도의 권위보다 더 강하고 빠르고 효율적인 것처럼 보이기 때문이다.ᐟ

63장 多易必多難
是以聖人猶難之
53장 大道甚夷而民好徑

9장 功遂身退 天之道

　　天之道ᐟ는 성인을 가리킨다. 성인이 하사의 권위를 외면하고 도의 권위를 행사하는 모습을 네 가지로 묘사한다. 57장, 58장의 후반부와 병행하는 내용인데, 지금은 스승의 권위에 초점을 맞추고 있다.

성인은 자신과 싸워 이기면서 악인의 허물을 무한히 용서한다.⁾ 勝은 소국의 백성이 마음의 문을 열고 도를 실천하는 사건이다.⁾ 이로써 새로운 성인이 탄생한다.

67장 慈故能勇
67장 慈以戰則勝

성인은 말이 아닌 행동으로 도의 모범을 보인다.⁾ 제자는 스승을 본받아 무지무욕을 실천함으로써 스스로 微明을 얻고, 그제야 스승이 누리는 도의 즐거움을 안다.

2장 行不言之敎

성인은 친소, 이해, 귀천의 관계로 제자를 얽어매지 않는다. 제자는 襲明에 따라 스스로 무위를 실천함으로써 현동의 백성이 된다. 스승과 제자는 현동에서 서로 만난다.⁾

61장 天下之交

繟然은 도와 뜻이 통하는 모습이다. 비교하자면 自然은 자신의 본성을 따르는 자유이며, 超然은 사사로움을 뛰어넘는 신적인 자유이며, 繟然은 도와 호흡을 맞추어 천하백성을 사랑하는 자유이다. 물론 같은 사건을 다른 각도에서 말한 것뿐이다. 성인들은 늘 도와 일치하고 있으면서 언제 어디서나 모든 사람을 사랑한다.

天網은 도의 경륜을 가리킨다. 도의 경륜은 마치 그물처럼 사람들의 생명을 건져 올린다. 도의 경륜은 너무나 깊고 넓어서 사람의 지혜로 헤아릴 수 없다.⁾

59장 莫知其極

疏는 하사의 불신과 조롱을 지시한다.⁾ 도에 신경을 쓰지 않아도 세상은 잘 돌아가고 있으며 인생을 사는 데에 아무 불편

41장 下士聞道 大笑之

이 없다. 수단 방법을 가리지 않고 출세에 성공하기만 하면 사는 동안에는 세상 사람들에게 떠받들어지고, 인생을 끝마치면 친구들은 물론 적들까지도 모여들어 조문을 하고 역사에 길이 남을 기념비를 세워준다. 도는 사람의 구체적인 삶과는 동떨어진 추상적인 형이상학의 주제로서 지식인의 교양을 꾸며주는 장식품일 뿐이다.

不失은 성인의 믿음을 지시한다. 도는 모든 것을 준비해놓고 모든 사람을 사랑하건만 모든 사람이 도를 사랑하는 것은 아니다. 겸손한 사람은 도를 사랑함으로써 살고 어리석은 사람은 제 꾀를 믿다가 죽는다. 어리석은 사람들은 성인을 결코 해칠 수 없되 자기들끼리 서로 다투고 협력하면서 죽음을 고집하고 있을 뿐이다. 사람이 사는 것도 제 탓이요 죽는 것도 제 탓이다. 그러나 도는 살기를 원하는 사람을 하나도 잃지 않는다.

74장

民不畏死 奈何以死懼之

若使民常畏死而爲奇者 吾得執而殺之

孰敢 常有司殺者殺

夫代司殺者殺 是謂代大匠斲

夫代大匠斲者 希有不傷其手矣

백성이 죽음을 두려워하지 않는다면 어떻게 그들을 죽음으로 겁주겠는가? 백성이 늘 죽음을 두려워하게 하면서 법을 어기는 자를 우리가 잡아 죽인다고 하자. 누가 감히 (그 일을 할까)? 으레 죽이는 일을 맡은 자가 있어서 (그를) 죽일 것이다. 모름지기 죽이는 일을 맡은 자를 대신하여 죽이는 것, 이를 일컬어 큰 목수를 대신하여 (작품을) 깎는다고 한다. 무릇 큰 목수를 대신하여 (작품을) 깎는 자로서, 손을 다치지 않는 경우가 드물다.

斲(착) 깎다

소국의 백성은 권위에 복종하면서 죽음을 두려워하지 않는다. 그런데 죽음을 두려워하지 않는 사람을 도저히 제정신이라고 할 수는 없겠다. 하사의 권위는 죽음과 생명을 혼동시킨다. 백성으로서는 이래 죽으나 저래 죽으나 마찬가지이므로 기왕이면 권위에 복종하면서 편한 마음으로 죽는 쪽을 선택한다.

현동의 백성은 죽음이 정녕 두렵기 때문에 생명을 얻기 위하여 도를 실천하고 있다. 만일 현동의 스승이 죽음으로 천하 백성을 겁준다면 죽음을 두려워하지 않는 소국의 백성은 그저 코웃음을 칠 것이다. 그들은 제정신이 아니기 때문이다. 그런데 현동의 백성은 죽을까 두려워서 스승에게 복종한다. 아직 도에 미숙한 사람은 스승에게 의지할 수밖에 없다.* 이때 스승은 하사로 전락하며 현동은 위기에 처하게 된다.

19장 此三者以爲文不足

왕은 국가의 안녕을 해치는 범죄에 대하여 사형을 내리겠다는 내용의 법령을 공포한다. 누구든지 법령을 어기지만 않으면 사형을 면할 수 있다. 그런데 천하에는 늘 사형에 해당하는 범죄를 저지르는 사람이 나타난다. 그는 무엇인가를 목숨보다 더 중요하게 여기기 때문에 그것을 위하여 목숨을 거는 것이다. 그는 제정신이 아니다.

왕은 '우리'의 이름으로 사형을 집행하지만 그가 노리는 바는 왕 한 사람의 권위를 높이는 것이다. 법령을 비롯한 모든 이념적 가치는 이기적인 욕심에 뿌리를 두고 있으면서도 집단 심리에 호소하여 그 정당성을 주장한다. 得執은 범법자의 처형을 앞둔 왕의 의기양양한 모습을 나타낸다. '옳지, 너 잘 걸렸다!'라는 뉘앙스가 있다. 왕은 제정신이 아닌 범법자를 희생양으로 삼아 제정신을 지닌 선량한 백성을 죽음으로 겁주어서 복종심을 일으킨다.

아무나 범법자를 죽일 수는 없다. 반드시 왕이 임명한 사형집행관이 그를 죽여야만 한다. 만일 사형집행관을 대신하여 범법자를 죽이는 자가 있다면 그는 살인죄에다가 왕에게 거역한 대역죄를 더하여 가장 혹독한 방법으로 사형에 처해질 것이다. 왕의 권위는 백성에 대한 생사여탈권에 근거하기 때문에 왕은 생사여탈권을 결코 남에게 양보하지 않는다.

大匠은 도를 가리킨다. 도는 천하백성을 다듬어서 아들로 완성하는 큰 목수이며 현동의 스승은 큰 목수가 시키는 대로 일하는 작은 목수㮹이다. 도는 성인과 협력하여 사람이라는 신령한 공예품을 정성스럽게 깎아서 완성시키고 있다.』 11장 旋埴以爲器

그런데 현동의 스승이 권력의 유혹에 굴복하면 제멋대로 백성에 대한 생사여탈권을 행사하기 시작한다. 그는 자신의 권위에 복종하지 않는 소국의 백성을 사형수로 단죄하고 자신의 권위에 복종하는 현동의 백성을 윤리와 법으로 옥죈다. 이것은 저 주제넘은 자가 왕의 허락을 받지도 않고 범법자를 함부로 죽이는 것과 같다. 그는 세상에 흔해 빠진 하사들 중 하나로 전락하고 있다.

도는 사람을 단죄하지도 죽이지도 겁주지도 않는다. 도는 선인과 악인을 가리지 않고 모든 사람을 사랑하고, 살기를 원하는 모든 사람을 살리고, 지혜를 구하는 모든 사람에게 참된 평화를 준다.

왕의 허락 없이 범법자를 죽이는 자도 살인죄와 대역죄로

혹독한 사형을 당하는데, 도의 허락 없이 감히 소국을 단죄하고 현동을 옥죄는 스승이 무사하리라고는 도저히 생각할 수 없다. 그는 도의 뜻을 역행함으로써 스스로 사형에 처해지고 있다. 도를 가르치는 현동의 스승이 사형에 처해지는 것은 도를 모르는 하사와 소국의 백성이 사형에 처해지는 것보다 훨씬 더 혹독한 운명이라고 말할 수밖에 없다.

그의 터무니없는 주장인즉, 도는 사람이 도저히 미칠 수 없을 정도로 아득히 높고 큰 존재이므로 도를 가르치는 스승에게 불복하는 사람은 죽임을 당할 것이다. 그는 사람을 오직 사랑하기만 하는 도를 알지 못하므로 백성을 죽음에서 건질 능력이 없다.˹ 손˼은 사랑의 능력을 가리키는 상징이다.˹

65장 以智治國 國之賊
69장 攘無臂

75장

民之饑 以其上食稅之多 是以饑

民之難治 以其上之有爲 是以難治

民之輕死 以其上求生之厚 是以輕死

夫唯無以生爲者 是賢於貴生

> (현동의) 백성이 굶주리는 것은 위에서 (거두는) 세금이 많기 때문이다.
> 이 때문에 굶주린다. (현동의) 백성을 다스리기 어려운 것은 위에서 일
> 을 벌이기 때문이다. 이 때문에 다스리기 어렵다. (현동의) 백성이 죽음
> 을 가벼이 여기는 것은 위에서 생명을 너무 추구하기 때문이다. 이 때문
> 에 죽음을 가벼이 여긴다. 결코 생명을 걸고 일하지 않는 사람, 이 사람
> 이 (자신의) 생명을 귀하게 여기는 (사람)보다 유능하다.

饑는 생명의 빈곤을 가리킨다.〉食稅는 스승이 거두는 수업
료와 헌금이다. 노자의 당시에 현동의 스승은 생업에 종사하
지 않았을 가능성도 충분히 있다. 스승이 돈을 밝히면 백성 또
한 스승에게 뒤질세라 돈을 밝히며 도의 실천을 소홀히 한다.〉
현동의 백성은 기를 먹고 산다. 무지무욕으로 기를 받아들이
지 않는 사람은 현동의 백성이 아니다.

57장 天下多忌諱
而民彌貧

12장 難得之貨令人行妨

有爲는 有의 일을 하는 것이다. 무위는 미명과 습명에 의지
하되 유위는 학문에 의지한다. 그러므로 현동의 스승이 일을

벌이면 백성은 반드시 꾀를 부린다. 즉, 학자, 장사꾼, 기술자, 예술가, 야심가 등이 득세하여 도의 이름으로 사사로움을 추구한다. 단순히 사사로움을 추구하는 소국의 백성보다 도의 이름으로 사사로움을 추구하는 현동의 백성을 다스리기가 더 어렵다.

74장 民不畏死는 소국의 백성이 권위에 복종하면서 죽음에 무감각한 것을 지적한다. 그에 비해 民之輕死는 현동의 백성이 스승의 권위에 복종하면 살 수 있다고 착각하는 것이다. 전자보다 후자가 더 고약한 어리석음이다. 전자는 도의 권위를

알기만 하면 어리석음을 버리겠지만 후자는 자신이 도의 권위에 복종함으로써 살아있다고 믿어 의심치 않기 때문에 어리석음을 버리기가 더 어렵다. 그러므로 세상에 흔한 하사보다 하사로 전락한 현동의 스승이 천하에 더 큰 해악을 끼친다.

50장 生生之厚는 소국의 백성이 사사로움을 믿는 것이다. 이에 비해 求生之厚는 현동의 스승이 권위를 믿는 것이다. 그는 도를 구실로 일을 벌여서 스승으로서의 권위를 높인 다음, 청렴하고 헌신적인 지도자로 칭송받으면서 재물과 명예를 향유한다. 백성은 스승이 시키는 일만 하면서 죽음에 대하여는 조금도 걱정하지 않는다. 소국의 스승과는 달리 현동의 스승은 믿을만하다고 생각하기 때문이다.

순서대로 현동의 스승이 맞닥뜨리게 되는 사사로움, 학문, 권위의 유혹을 경계한다. 세 번 연속으로 是以를 반복하여 현

동이 잘못되는 것은 바로 스승의 책임이라는 것을 강조한다.

성인은 도를 사랑함으로써 자신도 살고 백성도 살린다. 스승과 백성은 모두 자연의 신적인 자유를 누리면서 만족하므로 사람의 생명을 담보로 다른 일을 벌일 이유가 없다.

56장 不可得而貴
不可得而賤

貴生은 스승이 자신의 생명을 백성의 생명보다 더 귀하게 여기는 것이다. 현동의 스승이 도의 권위를 잃으면 현동은 소국으로 전락하고 스승과 백성은 귀천의 관계가 된다. 스승은 권위를 생명으로 착각하고 일을 벌이느라 백성의 생명은 아랑곳하지 않는다.

57장 天下多忌諱
而民彌貧

57장 人多伎巧 奇物滋起

賢은 74장 손킄의 상징과 연결되어 사람을 살리는 능력을 지시한다. 사람을 살리는 스승이 사람을 죽이는 스승보다 더 유능한 것은 말할 나위가 없다. 노자는 왜 이렇게 당연한 말을 하나? 권위적인 스승이 겸손한 스승보다 짐짓 더 유능하게 보이기 때문이다.

* * *

求生과 貴生을 7장 自生, 50장 生生, 55장 益生과 함께 엮어서 되짚어보는 것도 의미가 있겠다. 自生은 생명을 대상화하는 것이며 貴生은 생존경쟁의 원리에 따라 남의 생명보다 자신의 생명을 더 귀중하게 여기는 것이다. 自生은 자동적으로 貴生으로 귀결된다. 生生, 益生, 求生은 각각 사사로움, 학문,

권위를 생명으로 착각하는 것이다. 생명을 살리려고 애쓰는 행동이 오히려 생명을 잃는 결과를 낳는다. 무위는 생명을 걸고 사사로움, 학문, 권위를 추구하지 않으면서 단순히 생명을 누리는 일이다.

76장

人之生也柔弱 其死也堅强
萬物草木之生也柔脆 其死也枯槁
故堅强者死之徒 柔弱者生之徒
是以兵强則不勝 木强則兵
强大處下 柔弱處上

사람은 살아있으면 부드럽고 약하되 죽으면 굳고 강하다. 만물초목은 살아있으면 부드럽고 무르되 죽으면 말라서 딱딱해진다. 그러므로 굳고 강한 것은 죽은 무리이고 부드럽고 약한 것은 산 무리이다. 이 때문에 무기가 강하면 (사사로움을) 이기지 못하고, 나무가 강하면 (무기가 되어 사람을) 공격한다. 강하고 큰 것은 아래에 몸담고, 부드럽고 약한 것은 위에 몸담는다.

柔弱˚은 무지무욕, 堅强은 학문˚과 권위˚를 가리킨다. 柔, 弱, 堅, 强에 관하여는 36장과 43장의 설명을 참조하라. 현동의 백성은 무지무욕으로 끊임없이 자신을 부정하기 때문에 살아있으며,˚ 소국의 백성은 학문과 권위에 의지하여 생명에 집착하기 때문에 죽어 있다. 72장 이래로 권위의 폐해가 집중적으로 조명되고 있다.

36장 柔弱勝剛强
43장 天下之至堅
55장 心使氣曰强

69장 哀者勝矣

草木의 경우를 들어 생명체 일반의 탄생과 죽음을 논한다.

柔는 자연의 본성에 따라 생명을 영위하는 것이며, 脆는 환경에 적응하여 자신을 포기하는 것이다. 그리하여 만물초목이 살아있으면 柔脆이다. 枯^{dry}는 생명활동이 느려지면서 물기가 빠지는 것이며, 槁^{solid}는 생명활동이 멈춘 후 딱딱해져서 만물로 돌아간 것이다. 따라서 枯槁는 늙어 죽는 것이다. 초목은 만물로부터 나와 환경에 적응하여 생명을 영위하고 자손을 퍼뜨리다가 생명력이 다하면 늙어 죽음으로써 만물로 돌아간다. 초목은 자신의 죽음을 받아들이면서 저항하지 않는다.

위 만물초목에서 스스로 움직이는 생명체인 동물이 누락되어 있다. 동물은 초목과 달리 지성의 힘으로 환경을 변화시키는 한편 다른 동물들과 생존경쟁을 벌인다. 지성이 뛰어난 동물을 짐승이라고 한다. 짐승의 지성과 생존경쟁을 사람에게 적용하면 학문과 정치이다.

학문은 짐승의 지성보다 훨씬 더 뛰어나고 정치는 짐승의 생존경쟁보다 훨씬 더 복잡하다. 사람은 경쟁 상대를 제압하기 위해 물리적 폭력을 사용하는 대신에 권위를 이용할 줄 안다. 그리하여 소국의 백성은 학문과 권위의 힘으로 죽음까지도 이길 수 있다고 착각한다. 그들은 枯槁에 저항하기 위하여 堅強의 활동을 펼친다는 점에서 짐승과 똑같다.

성인은 학문과 권위로는 죽음을 이길 수 없다는 것을 분명히 알고 자연의 본성에 따라 무로 투신하며,* 무에서 오는 신적인 생명으로 살아있다.* 성인은 柔弱의 신적인 생명으로 살

23장 德者同於德
23장 道者同於道

274

아있기 때문에 枯槁에 대하여 脆의 태도를 취한다. 즉, 육신의 죽음에 초연하다. 무위는 바로 脆에 해당한다. 성인이 죽음을 이기고 살아있는 것에 비하면 학문과 권위에 의지하여 죽음을 망각하려고 애쓰는 소국의 백성은 죽어 있다고 볼 수밖에 없다. 그러므로 사람과 짐승을 따로 구별할 필요가 없이 모든 동물에 대하여, 堅强의 무리는 죽어 있으며 柔弱의 무리는 살아 있다.

노자의 취지를 좀 더 풀어서 설명하겠다. 초목, 짐승, 사람 등 모든 생명체는 枯槁의 운명을 맞는다. 초목은 자연의 본성에 따라 柔脆의 활동을 일으키다가 枯槁를 저항 없이 받아들인다. 성인은 자연의 본성에 따라 柔弱과 脆의 활동을 일으키다가 枯槁를 저항 없이 받아들인다. 柔는 이성적 판단력을 최고도로 발휘하여 도를 사랑하는 행위이다.』 짐승은 자연의 본 23장 同於德者 / 德亦樂得之 / 42장 强梁者 不得其死 성에 따라 堅强의 활동을 일으켜서 枯槁에 저항하다가 결국에는 굴복한다.』 짐승의 자연은 생존경쟁과 생성소멸이다. 즉, 55장 益生 / 75장 求生 짐승은 柔弱의 능력이 없기 때문에 枯槁에 대하여 脆의 태도를 취할 수 없다. 소국의 백성은 柔弱의 능력이 있음에도 불구하고 자연의 본성을 거슬러 그것을 발휘하지 않기 때문에 짐승의 처지에 머물러 있다.』 23장 失者同於失

兵强은 학문과 권위를 가리킨다. 학문과 권위를 내세우는 스승은 사사로움을 이길 수 없고, 따라서 백성을 감동시킬 수 없다.

64장 合抱之木

木强은 사사로움˙과 권위를 가리킨다. 사사로움은 권위의 탈을 쓰고 사람을 공격한다. 즉, 사사로움에 굴복한 스승은 자신의 권위를 높이기 위해 일을 벌이고 백성은 일을 위한 수단으로 이용한다.

强大는 하사의 권위, 柔弱은 성인의 권위이다. 하사는 권위를 높이면서 점점 더 큰일을 벌이되 사람을 사랑할 줄 모른다. 성인은 도를 닦으면서 점점 작아지되 모든 사람에게 모든 것을 베푼다. 천박한 행동을 하는 스승은 짐승과 더불어 낮은 곳에 몸담으며 고귀한 행동을 하는 스승은 신과 더불어 높은 곳

66장 處上而民不重

에 몸담는다.˙

* * *

노자는 우리가 흔히 체험할 수 있는 물체의 성질에 빗대어 도의 사건을 지시한다. 그것들을 한자리에 모아놓고 비교해보는 것도 나쁘지 않겠다.

- 柔 flexible : 속이 부드러움 – 무지
- 弱 weak : 상대적으로 약함 – 무욕
- 脆 brittle : 겉이 무름 – 무위
- 堅 tough : 속이 굳음 – 학문
- 强 strong : 상대적으로 강함 – 권위
- 剛 hard : 겉이 단단함 – 사사로움

77장

天之道 其猶張弓與

高者抑之 下者擧之 有餘者損之 不足者補之

天之道 損有餘而補不足

人之道則不然 損不足以奉有餘

孰能有餘以奉天下 唯有道者

是以聖人爲而不恃 功成而不處 其不欲見賢

하늘의 도는 활을 당기는 것과 같구나! 높은 사람은 누르고 낮은 사람은 들어 올리며, 남는 사람은 덜고 모자란 사람은 메운다. 하늘의 도는 남는 것은 덜고 모자란 것은 메운다. 사람의 도는 그렇지 않으니, 모자란 것을 덜어서 남는 것을 봉양한다. 누가 남는 것이 있어 그것으로 천하를 봉양할 수 있을까? 오직 도가 있는 사람뿐이다. 이 때문에 성인은 (백성을) 섬기되 (백성에게) 기대지 않고, 공을 이루되 (그에) 몸담지 않으니, 그는 유능하게 보이려고 하지 않기 때문이다.

성인의 애민치국을 적을 향해 활˘을 쏘는 것에 비유한다. 활시위를 당기면 활의 위쪽은 내려가고 아래쪽은 올라간다. 활의 위아래가 가까워질수록 화살에 가해지는 추진력이 더 커진다. 이때 시위는 뒤로 물러나는 동시에 활의 몸체는 앞으로 나아간다. 궁수ᴴᴴ의 힘이 활의 시위와 몸체를 통하여 화살에 추진력을 가해주고 있다.

5장 不如守中
20장 荒兮其未央哉

궁수는 도, 시위는 현동의 스승, 활의 몸체는 현동의 백성, 화살은 소국에 대한 사랑이다. 사랑의 화살이 겨누는 것은 사사로움과 죽음에 의해 가려진 신적인 자아이다. 성인들의 삼보는 소국의 백성을 감동시킨다.˚

62장 襲行可以加人

지금까지 도에 대하여 사용한 상징들을 되짚어보는 것도 재미있겠다. 5장 대장장이, 11장 옹기장이, 41장 빚쟁이, 60장 요리사, 64장 짐수레꾼, 71장 의사, 74장 목수, 이번에는 궁수이다. 도를 민중에게 친근한 직업인에 비유함으로써 도가 사람들의 구체적인 생활 속에서 사람들과 더불어 일하고 있음을 강력하게 시사한다.

2장 高下相傾

高者와 下者는 각각 스승과 제자이며,˚ 抑之와 擧之 의 之는 권위이다. 권위의 높고 낮음이 있다면 그것은 하사의 권위이다. 스승과 제자는 권위를 버림으로써 도의 권위를 지닌다.˚

72장 民不畏威 則大威至

성인은 누구나 고귀한 도의 아들이므로 서로 높낮이가 없이 평등하다. 스승은 제자를 끌어올리기 위해, 제자는 스승을 본받기 위해 서로에게 다가간다. 스승은 제자를 아끼고 제자는 스승을 존경함으로써 양쪽 모두 신적인 생명을 완성하면서 소국을 더욱 극진히 사랑한다.˚ 활의 위와 아래가 가까워질수록 화살의

27장 要妙

추진력이 더 강해지는 것처럼, 스승과 제자가 서로 사랑할수록

73장 繟然而善謀

도는 그들에게 애민치국의 지혜를 더욱 풍성하게 내려준다.˚

有餘者와 不足者 역시 스승과 제자이며, 損之와 補之의 之는 지혜이다. 만일 스승에게 지혜가 남거나 제자에게 지혜가

부족하다면 그것은 학문이다. 스승과 제자는 학문을 버리고 자신으로 물러나 도를 사랑함으로써 백성을 사랑하기에 충분할 만큼 지혜롭게 된다. 활의 시위와 몸체가 서로 멀어질수록 화살이 더 멀리 날아가는 것처럼, 스승과 제자가 서로 독립하여 각자의 삶에 충실할수록 천하백성을 더 널리 사랑한다.˚ 　28장 樸散則爲器

有餘와 不足은 사사로움이다. 사람에게 무엇인가 남거나 부족한 것이 있다면 그것은 사사로움이다. 사람은 있는 그대로 완전하기 때문이다.˚ 하늘의 도는 위대한 사람은 낮추어 겸손 　22장 曲則全
하게 하고 보잘것없는 사람은 높여서 자존감을 회복시킨다. 그리하여 성인은 누구나 남는 것도 부족한 것도 없이 무욕의 만족을 누린다.˚ 　33장 知足者富
　46장 知足之足

人之道는 天之道와 대비되어 하사의 애민치국이다. 사람의 도는 스승과 제자가 사사로움을 주고받으며 서로 의존한다. 그리하여 지혜로운 스승은 어리석은 제자에게 학문을 가르쳐 주고 제자는 스승에게 존경을 바치고 수업료를 납부한다. 스승은 제자의 봉양을 받아 더욱 높고 지혜로워지는데 제자는 스승을 봉양하느라 더욱 낮고 어리석어진다.

損有餘而補不足의 而와 補, 損不足以奉有餘의 以와 奉을 주목해야 한다. 而는 대등절을 연결하는 접속사로서, 스승과 제자가 각자 자신의 일을 하고 있음을 나타낸다. 以는 종속절과 주절을 연결하는 접속사로서, 스승이 제자의 희생에 의존하고 있음을 드러낸다.

孰能有餘以奉天下에서 有餘와 奉은 무조건적이며 일방적인 사랑을 나타낸다. 동어이의를 주목하라. 성인은 남는 것도 부족한 것도 없이 무욕의 만족을 누리고 있음에도 불구하고 사랑의 충동에 떠밀려서 마지못해 백성을 사랑한다.˹ 도는 성인에게 기를 무한하게 공급하므로 성인은 그것으로 능히 천하를 봉양할 수 있다.

31장 不得已而用之
51장 勢成之

有道者에 관하여는 24장과 31장의 설명을 참조하라. 有餘와 有道로 연결되어 성인의 사랑은 그와 함께 일하고 있는 도에서 비롯함을 나타낸다.

爲而不恃 功成而不處는 2장 爲而不恃 功成而不居를 참조하라. 不居는 단순히 사사로움을 지적하는 데 비해, 不處는 사사로움을 권위로 포장하는 것을 지적한다. 스승이라면 품위 있는 생활을 유지하면서 각계각층의 유력자들과 널리 친분을 쌓아야 하지 않겠나? 현동의 스승이 이런 식으로 천하의 대세에 굴복하는 순간 멸망의 길이 크게 열린다.˹

76장 强大處下

성인은 제자를 자신처럼 유능한 스승으로 끌어올리되, 제자의 봉양을 받으려는 목적으로 유능하게 보이기를 원하지 않는다.

78장

天下莫柔弱於水 而攻堅强者 莫之能勝 以其無以易之

弱之勝强 柔之勝剛 天下莫不知 莫能行

是以聖人云 受國之垢 是謂社稷主 受國不祥 是謂天下王

正言若反

천하에 물보다 부드럽고 약한 것은 없으나 굳고 강한 것을 공격하는 데는 그보다 나은 것이 없으니, 무엇으로도 그것을 변화시킬 수 없기 때문이다. 약한 것이 강한 것을 이기며 부드러운 것이 단단한 것을 이긴다는 것을 세상 사람들은 모르지 않으나 실천하지는 못한다. 이 때문에 성인이 이르되, 나라의 더러움을 받아들이는 이 사람이 사직의 주인이며, 나라의 죄악을 받아들이는 이 사람이 천하의 왕이다. 바른말은 (귀에) 거슬린다.

　柔弱은 무지무욕이며 堅强은 학문과 권위이다. 천하백성은 권위를 생명으로, 학문을 지혜로 착각하기 때문에 성인의 말 없는 가르침에 한사코 귀를 기울이지 않는다. 물은 부드럽고 약하다는 점에서 성인의 사랑과 비슷하며, 바위는 굳고 강하다는 점에서 백성의 고집과 비슷하다. 긴 세월이 지나면 바위는 점점 침식되지만 물은 그대로 남아있다. 이처럼 성인의 끈질긴 사랑에 감동하여 백성은 결국 권위와 학문의 허상을 깨달을 것이다. 물은 굳고 강한 물체에 의해 동화되지 않으므

^{76장 人之生也柔弱
其死也堅强}

로 늘 부드럽고 약한 그대로 남아있다. 이처럼 성인은 학문과 권위의 유혹에 굴복하지 않으므로 변함없이 백성을 사랑할 수 있다.

55장 心使氣曰強　　무욕의 덕은 생명의 깨달음을 주되 권위˚는 죽음을 부른다. 그러므로 弱이 強을 이긴다. 무지의 덕은 생명을 추구하는 의지이며 사사로움은 죽음을 향하는 의지이다. 그러므로 柔가 剛을 이긴다.

　　앞에서 공격하는 대상은 堅强이었는데 지금 이기고 있는 대상은 强과 剛이다. 습명으로 학문을 이길 수는 없다. 하사는 스스로 지혜롭다는 착각에 빠져 있어서 학문을 뛰어넘는 진리에는 결코 귀를 기울이지 않기 때문이다. 만일 성인이 학문을 이

65장 民之難治 以其智多　기려고 시도한다면 습명은 학문으로 변질되고 만다.˚ 그러므로 성인은 권위의 허상을 깨뜨리고 사사로움을 소멸시킴으로

68장 善勝敵者不與　　써 학문을 유명무실하게 만든다.˚

　　상식에 비추어보아도 强과 强, 剛과 剛이 부딪치면 양쪽 다 상처를 입을 것이 분명하다. 그러므로 소국의 백성은 강한 상대에게는 자신을 굽혀서 겸손하게 처신하고 욕심이 많은 상대에게는 절제의 덕을 발휘하여 욕심을 포기한다. 그런데 겸손과 절제를 실천하는 사람은 칭찬을 받지만 경쟁에서 낙오한 사람은 아무도 알아주지 않는다. 만일 겸손하면서도 남을 이기고 절제하면서도 욕심을 챙길 수 있다면 더할 나위가 없을 것이다. 그리하여 하사는 仁, 義, 禮와 같은 윤리를 고안한다. 禮는

약한 행동으로 백성의 강한 저항을 이기는 요령이며, 仁義는
부드러운 처신으로 백성의 단단한 욕심을 이기는 요령이다.

모든 사람이 겸손과 절제를 실천하면 천하는 평화롭게 될
것이다. 하사는 이것을 잘 알고 남에게 그렇게 가르치면서도
자신은 겸손과 절제를 실천하지 못한다. 그는 사사로움을 버
리지 않았기 때문이다.˚ 백성은 스승의 말을 따르는 것이 아니 66장 欲先民 必以身後之
라 그의 행동을 본받는다. 그리하여 천하에는 다툼, 범죄, 전쟁
이 끊이지 않는다.

受國之垢의 國은 현동이며 垢는 백성이 하사의 권위를 그
리워하는 것이다. 19장 見素抱樸의 흰옷素에 때가 묻은 것과도 41장 太白若辱
같다.˚ 백성은 겸손하게 자신들의 눈높이로 다가가는 성인을
믿지 못하고 오히려 과거의 습관에 따라 하사의 권위에 매력
을 느낀다. 이에 성인은 백성의 실망과 저항을 무릅쓰고 오직
무지무욕을 권유한다.˚ - 弱之勝强 3장 常使民無知無欲

社는 토지의 신, 稷은 곡식의 신이다. 社稷主는 社稷에 대한
제사를 주관하는 자로서 왕의 또 다른 별칭이다. 그런데 성인
은 도를 일구는 토지의 신이며,˚ 백성에게 기를 먹여 살리는 46장 卻走馬以糞
곡식의 신이다.˚ 그러므로 성인이야말로 진정한 社稷主이다. 6장 谷神不死

受國不祥의 國은 소국이며 不祥은 다툼, 미움, 악의, 도둑질,
살인, 전쟁 등 소국이 저지르는 죽음의 행실이다. 소국의 백성
은 생명과 죽음을 반대로 착각하기 때문에 성인을 환영하기는

커녕 오히려 미워하고 조롱한다. 성인은 모욕과 고통을 무릅쓰고 그들을 끝까지 용서함으로써 사사로움이 모든 혼란과 죽음의 원인임을 깨닫도록 한다. - 柔之勝剛

그리하여 성인은 현동과 소국을 모두 다스리는 天下王이다.

正言은 현동의 백성이 새겨들어야 할 바른 말이다. 성인은 자신의 말을 행동으로 보여준다.ʻ 제자들은 스승의 가르침이 마음에 들지 않을 것이지만 꾸준히 도를 실천하여 스스로 社稷主, 天下王이 되고 나면 스승이 어떤 기쁨을 누리고 있는지를 알게 될 것이다.ʻ 위대한 승리를 얻으려면 반드시 가시밭길을 거쳐야만 한다.ʻ

57장 以正治國

21장 吾何以知衆甫之狀哉
以此
30장 師之所處 荊棘生焉

284

———— 79장 ————

和大怨 必有餘怨 安可以爲善
是以聖人執左契 而不責於人
有德司契 無德司徹
天道無親 常與善人

큰 원한을 풀어도 반드시 남은 원한이 있다면 어찌 선하다고 할 수 있을
까? 이 때문에 성인은 빚 문서를 쥐고도 사람들을 독촉하지 않는다. 덕
이 있으면 계약대로 이행하되 덕이 없으면 강제로 집행한다. 하늘에 있
는 도는 친함이 없으니 늘 선한 사람과 함께한다.

怨(원) 원한   安(안) 어찌   契(계) 계약   徹(철) 강제집행

'원한'은 자신에게 손해를 입힌 사람이 불행하게 되기를 바 ^{63장 報怨以德}
라는 감정이다. 사람들은 작은 잘못을 서로 사과하고 용서하
여 원한을 풀며, 사소한 원한은 설령 상대방이 사과하지 않더
라도 그냥 용서하고 넘어간다. 원한을 품고 사는 것은 매우 피
곤하기 때문이다. 그런데 어떤 큰 원한은 도저히 잊을 수 없는
경우가 있다. 대체로 강자는 약자에게 큰 원한을 품지 않는다.
강자는 약자에게 사과와 보상을 강요할 수 있는 힘이 있기 때
문이다. 그러므로 큰 원한을 품는 것은 대체로 약자의 몫이다.
약자는 강자에게 큰 원한이 있더라도 그를 용서할 수밖에 없
다. 만일 약자가 강자에게 사과와 보상을 요구하다가는 오히

려 더 큰 손해를 입을 것이다.

大怨은 18장 大僞, 27장 大迷와 호응하여 원한은 허상이라는 사실을 나타낸다. 원한이란 약자의 억울함에 불과하다. 생존경쟁의 각축장에서 강자가 약자를 지배하는 것은 지극히 당연하다.

사람의 도는 용서를 장려한다. 그런데 강자는 늘 약자를 용서하는 즐거움을 누릴 수 있지만 약자는 강자를 즐거이 용서할 수가 없다. 용서라는 윤리는 강자에 대한 약자의 원한을 죄악시하는 수단에 지나지 않는다. 약자는 어쩔 수 없이 강자를 용서하더라도 반드시 남은 원한이 있기 마련이다. 餘怨은 大怨이 억눌려서 작아진 것이므로 원래의 큰 원한보다 폭발력이 훨씬 더 크다. 복수의 기회를 만나면 그 작아진 원한이 폭력, 살인, 반란, 전쟁 등의 잔인한 행동으로 폭발한다. 이때 새로이 더 큰 원한이 발생하는 것은 말할 것도 없다.

억지로 큰 원한을 용서함으로써 원한을 더 크게 키우는 것을 사랑이라고 말할 수는 없다. 그러므로 성인은 도의 힘으로 원한 자체를 소멸시킨다. 성인은 강자와 약자를 모두 사랑하므로 참으로 강하다.

42장 沖氣以爲和
55장 知和曰常
33장 自勝者強
53장 守柔曰強

도를 닦은 성인은 자신에게 이익을 주는 사람뿐만 아니라 자신에게 손해를 입히는 사람도 사랑한다. 성인은 모든 사람에게 일방적으로 이익을 주기만 하므로 세상에 만연하는 원한

67장 儉故能廣

을 소멸시킨다. 성인은 백성에게 채권은 있지만 채무는 없다. 左契는 채권증서이다. 춘추전국시대에는 계약의 내용을 대나무쪽契에 새긴 다음에 그것을 쪼개어 채권자는 左契, 채무자는 右契를 증거로 보관하였다.

계약은 둘 이상의 사람들이 거래의 조건을 규정하고 그것을 지킬 것을 약속하는 행위이다. 상거래의 계약이나 국가의 법처럼 명시적인 계약이 있는가 하면 상식, 관습, 문화, 윤리 등과 같은 묵시적인 계약도 있다. 그런데 소국의 계약은 사사로움을 대상으로 하므로 처음부터 갈등과 다툼이 배태되어 있다. 계약은 일상적으로 파기되고 사람들 사이의 원한은 점점 깊어진다. 소국의 계약은 세상에 영구적인 평화를 주지 못한다.

그러므로 성인은 천하백성과 전혀 다른 종류의 계약을 체결한다. 성인은 아무 대가를 받지 않고, 나아가 희생을 무릅쓰면서, 도를 증언하고 백성은 성인의 모범을 따라 도를 실천하여 신으로 격상된다. 도를 실천하는 사람에게 성인은 필요한 모든 도움을 제공한다. 성인은 이 계약에 대하여 미리 백성의 동의를 받을 필요가 없다. 백성은 채무를 이행함으로써 이익을 보기만 하고 결코 손해를 보지 않기 때문이다. 그러나 계약은 어디까지나 계약에 동의하는 사람에게만 유효하다.

有德은 무위이며,* 司契는 계약대로 이행하는 것이다. 성인과 백성의 계약은 일방적으로 백성에게 이익을 주는 내용이므로 백성 개개인은 각자의 자유로운 판단에 따라 채무를 이행한다.

*38장 上德不德 是以有德

無德은 학문과 권위이며,˘ 司徹은 강제로 집행하는 것이다.

38장 下德不失德
是以無德

38장 攘臂而扔之

소국의 계약인 관습, 윤리, 법 등은 사사로움을 거래하는 수단이므로 힘의 논리에 의하여 뒷받침된다.˘ 어느 한쪽이 계약을 파기하는 경우에 다른 쪽이 그를 징계할 힘이 없다면 계약은 처음부터 성립하지 않는다. 그러므로 소국의 계약은 근본적으로 강자의 이익을 대변한다. 강자는 그 불평등한 계약마저도 종종 이행하지 않는데, 그렇더라도 약자는 어쩔 수 없이 강자를 용서하는 수밖에 없다. 계약이 이행되고 나면 강자는 더 강해지고 그에 따라 약자는 더 약해진다. 약자의 원한은 점점 더 커지지 않을 수 없다.

47장 不窺牖 見天道

天道˘는 성인이 하늘에서 만나고 있는 도이다. 도는 특별히 성인에게만 친밀한 것이 아니라 모든 사람을 공평하게 사랑한다. 그러므로 누구든지 도를 사랑하는 사람은 도의 전폭적인 사랑을 누린다. 與에는 '주다', '함께하다'의 뜻이 섞여 있어서 도가 성인에게 기를 부어주며 그와 함께 일하고 있음을 나타낸다. 도는 성인과 친밀한 것을 넘어 그와 완전히 일치하고 있다.˘

56장 不可得而親

80장

小國寡民

使有什佰之器而不用 使民重死而不遠徙

雖有舟輿 無所乘之 雖有甲兵 無所陳之

使人復結繩而用之

甘其食 美其服 安其居 樂其俗

隣國相望 鷄犬之聲相聞 民至老死不相往來

(현동은) 작은 나라이며 겸손한 백성(의 공동체이다.) 열 배, 백배의 능력이 있는 인재라도 등용하지 않고, 백성으로 하여금 죽음을 무겁게 여겨서 먼 곳으로 이사하지 않도록 한다. 배와 수레가 있어도 타고 갈 곳이 없고, 갑옷과 무기가 있어도 벌여놓을 곳이 없다. 사람들로 하여금 다시 매듭을 묶도록 하여 그들을 등용하니, 밥이면 달게 먹고, 걸치면 아름답게 여기고, 머물면 편하게 여기고, 세상 풍속을 즐긴다. 이웃 나라가 서로 마주 보며, 닭이 (울고) 개가 (짖는) 소리를 서로 듣는데, 백성은 늙고 죽는 때에 이르러 서로 왕래하지 않는다.

徙(사) 이사하다　　輿(여) 수레　　乘(승) 타다　　陳(진) 벌여놓다

服(복) 옷

　　현동은 일을 벌이지 않으므로 小國이며, 현동의 백성은 겸손하므로 도를 사랑한다. 그런데 현동은 천하와 만물을 완전하게 다스리므로 大國이라고 할 수밖에 없다.

34장 常無欲 可名於小
52장 見小曰明

39장 自謂孤寡不穀

63장 終不爲大
　　故能成其大

什佰之器는 보통 사람보다 열 배, 백배의 능력을 지닌 인재로서 하사를 가리킨다. 하사는 학문이 완전한 지혜라고 착각하므로 10이며, 권좌에 올라 백성의 봉양을 받음으로써 인생을 완성한다고 착각하므로 10×10=100이다. 성인들은 스승에게 의존하지 않고 스스로 도를 실천함으로써 자신을 완성한다.˹ 그러므로 하사는 현동에서 발붙일 곳이 없다.

19장 絶聖棄智 民利百倍

使民重死는 75장 民之輕死와 대구를 이루어 성인의 권위는 백성을 살리는 능력이 있음을 나타낸다. 遠徙는 자아를 떠나 일에 몰두하는 것이다.˹ 현동은 백성의 생명을 무겁게 여기므로 스승의 권위를 높이려는 목적으로 일을 벌이지 않는다.

45장 躁勝寒 靜勝熱

56장 不可得而親
不可得而疎

56장 不可得而利
不可得而害

舟는 감성적 애착으로 얽힌 소국,˹ 輿는 합리적 이해타산에 근거한 소국˹이다. 여행하는 사람이 배와 수레를 갈아타는 것처럼, 사람은 누구나 이 세상을 사는 동안에 이런저런 소국을 거쳐 가기 마련이다. 그런데 성인들은 자신이 속한 소국의 집단적 심리와 이해관계에 편승하지는 않는다.

50장 入軍不被甲兵

72장 民不畏威 則大威至
69장 抗兵相加

甲兵˹은 권위와 지혜를 가리킨다. 하사와 성인에게는 모두 권위˹와 지혜˹가 있다. 노자는 양자를 구별하지 않고 권위를 방패에, 지혜를 칼에 비유하였다. 하사의 권위는 백성의 저항으로부터 사사로움을 방어하는 갑옷이며 학문은 사사로움을 감추기 위해 백성의 약점을 공격하는 칼이다. 성인의 권위는 사사로움과 학문의 공격으로부터 백성의 생명을 방어하는 갑옷이며 습명은 사사로움을 잘라내면서 백성을 감동시키는 칼이다. 陳은 적을 겁주기 위해 전쟁 도구를 벌여놓는 것이다. 성인들은 권위와 지혜를 내세워서 백성을 겁주지 않는다. 만일 그런 일이 일어난다면 현동은 이념적 가치를 추구하는 소국으로 전락할 것이다."

56장 不可得而貴
不可得而賤

結繩˘은 성인과 도가 서로 사랑하는 사건을 가리킨다. 현동에서는 백성으로 하여금 오직 무지무욕을 실천하도록 하면서 그들을 애민치국의 인재로 등용한다."

27장 善結無繩約而不可解

28장 聖人用之則爲官長

甘其食 성인들이 달게 여기는 음식은 미명이다."

20장 食母
32장 天地相合以降甘露

美其服 성인들은 학문을 버리고 습명을 따른다. 옷은 지혜를 상징한다." 습명은 감각적 쾌락을 제공하는 상대적인 미와는 전혀 차원이 다른 절대적인 미이다.

19장 見素抱樸
53장 服文綵
70장 被褐懷玉

安其居 성인들의 거처는 현이다." 성인들은 현의 운동으로 천하와 만물을 완전하게 다스린다."

11장 鑿戶牖以爲室
20장 我獨泊兮其未兆

8장 居善地
35장 安平太

樂其俗 俗˘은 소국을 가리키며, 樂˘는 소국의 백성을 제자로 받아들이는 일이다. 성인들은 소국의 백성과 뒤섞여 살면서 애환을 나누며 모욕과 고통을 무릅쓰고 그들을 감동시켜서 마음의 문을 열게 한다."

20장 俗人昭昭/俗人察察
23장 同於道者
道亦樂得之

62장 尊行可以加人

隣國은 현동과 소국이다. 성인들은 여러 소국에 속하므로 현동과 소국은 서로 이웃이다. 그러나 다른 한편으로, 소국은 사사로움을 추구하고 현동은 생명을 추구하므로 두 나라는 너무나 멀리 떨어져 있다. 현동과 소국은 서로 가깝고도 멀다. 그리하여 현동은 소국이 하루빨리 마음을 돌리기를 기다리면서 안타깝게 바라보고, 소국은 현동이 무슨 일을 하는지 알 수가 없어서 멀뚱하게 바라본다.

鷄犬은 소국의 백성을 가리킨다. 닭은 종족보존의 본능에 따라 일시적인 가족을 이루다가 서로 남남이 되는 과정을 되풀이한다. 따라서 鷄는 감성적 애착으로 얽힌 소국이다. 개는 먹이를 두고 서로 으르렁거리다가도 공동의 적을 만나면 함께 뭉쳐서 협력한다. 따라서 犬은 이해타산에 근거한 소국이다. 개는 외적으로부터 닭을 지켜주는 대가로 고기와 계란을 제공받으며, 닭은 개를 두려워하면서도 개에게 의존한다. 따라서 鷄犬은 이념적 가치를 추구하는 소국이다. 소국의 백성은 제각각 자신의 뜻을 주장하는데 듣는 쪽에서는 제각각 자신이 좋아하는 대로 받아들인다.[12장 五音令人耳聾] 호불호가 맞아떨어지는 동안에는 평화가 유지되지만 호불호가 갈리면 곧바로 다툼, 시기, 미움, 도둑, 폭력, 살인, 전쟁 등의 범죄가 발생한다.

民은 현동의 백성이다. 사람이 늙고 죽는 것은 두렵고 슬픈 사건이다. 성인들은 무로부터 늙지 않고 죽지 않는 생명을 얻고 있으므로 육신이 늙고 죽는 것을 저항 없이 받아들이며,[76장 柔弱者生之徒] 따라서 늙은 사람을 위로하거나 죽은 사람의 장례를 치르기 위하여 서로 왕래하지는 않는다. 그들은 시공을 초월하여 서로 사랑하며 소국을 죽음에서 건지기 위하여 서로 협력한다.[28장 樸散則爲器] 누

구든지 짐승의 처지를 벗어나 사람답게 살기를 원하는 사람은
현동에서 만난다.⸢ 현동으로 말미암아 천하에 참된 평화의 물 61장 天下之交
73장 不召而自來
결이 약동한다.

── 81장 ──

信言不美 美言不信

善者不辯 辯者不善

知者不博 博者不知

聖人不積

既以爲人 己愈有 既以與人 己愈多

天之道 利而不害 聖人之道 爲而不爭

> 믿음직스러운 말은 아름답지 않고 아름다운 말은 믿음직스럽지 않다. 선한 사람은 말을 잘하지 않고 말을 잘하는 사람은 선하지 않다. (도를) 아는 사람은 박식하지 않고 박식한 사람은 (도를) 알지 못한다. 성인은 (기를) 쌓아두지 않는다. (성인이) 사람들을 섬기면 본인은 (지혜를) 더 많이 소유하고, 사람들과 (지혜를) 나누면 본인에게는 (사랑이) 더 많아진다. 하늘의 도는 (백성을) 이롭게 하되 해치지 않고, 성인의 도는 (백성을) 섬기되 다투지 않는다.

既(기) …하고 나면(after)   愈(유) 더욱

信言은 도덕경을 가리킨다. 노자는 도를 실천함으로써 신적인 생명을 누리고 있으며, 자신이 겪은 바를 도덕경으로 기록하였다. 도덕경에 따라 도를 실천하는 사람은 누구든지 노자와 더불어 신적인 생명을 누린다. 그러므로 도덕경은 믿음직스럽다. 그런데 도를 실천하려면 사사로움을 버려야 한다. 사사로

움은 아름답지만 사사로움을 버리는 것은 아름답지 않다.⸢ 31장 勝而不美

美言⸢은 학문을 가리킨다. 학문은 미와 선을 취하는 요령을 62장 美言可以市
알려주기 때문에 당장에는 아름답다. 그러나 나 자신의 생명
을 잃는다면 내가 즐기는 어떤 종류의 아름다움도 아무 의미
가 없다. 학문은 생사문제에 아무런 도움을 주지 못하므로 전
혀 믿음직스럽지 않다.

善者⸢는 백성을 사랑하는 사람이다. 성인은 자신의 삶으로 49장 德善
도의 본보기를 보여주며 백성이 도에 익숙해지기까지 모든 도
움을 준다. 도는 무이므로 말로 표현할 수 없다. 그래서 노자
는 자신이 겪은 무의 사건을 비유로 말하였다. 누구든지 도를
실천하는 사람은 비유가 지시하는 사건을 목격하며, 그때에야
비로소 비유의 의미를 깨닫는다. 그러므로 노자는 더 이상의
말을 아끼고 도의 실천을 재촉한다.⸢ 45장 大辯若訥

辯者는 말솜씨가 좋은 사람이다. 하사는 복잡하고 어려운
학문과 훌륭한 말솜씨로 백성을 압도하여 스승으로 인정받는
다. 백성은 스승의 말을 잘 이해할 수 없다는 바로 그 이유 때
문에 그를 더욱 존경하고 추종한다. 설령 스승의 말이 진리이
더라도 내가 직접 그것을 확인할 수 없다면 나에게는 있으나
마나 한 것이다. 하물며 학문은 헛된 사사로움에 근거하므로
결코 진리일 수 없다. 하사는 재물과 명예를 사랑하느라 자신
의 생명조차도 돌보지 못하므로 백성을 사랑하는 일은 엄두도
내지 못한다.

성인은 도를 앎으로써 자신과 천하와 만물을 안다. 도를 아는 데에는 세상에 대한 경험적 지식이나 추상적인 형이상학이 필요하지 않다. 노자는 고전과 제자백가를 두루 섭렵하였지만 그것들을 무의 사건을 비유하기 위한 도구로 활용하였을 뿐이다.

하사는 많은 지식을 얻으려고 노력하면서 자신을 돌아볼 줄 모른다. 자신에게 무관심한 사람은 도를 알 수 없고, 도를 모르면 자신도 알 수 없고 천하와 만물도 알 수가 없다. 하사가 보기에 사람은 영리한 짐승이며 천하는 생존경쟁의 각축장이며 만물은 욕구의 대상에 지나지 않는다.

39장 昔之得一者   기는 끊임없이 샘솟는 생명, 지혜, 사랑의 힘이다." 사사로움, 학문, 권위는 일시적으로나마 쌓아둘 수 있지만 살아있는 기를 쌓아두는 것은 불가능하다.

旣以爲人의 以는 습명이며 爲人은 무위의 애민치국이다. 성인이 사람들을 섬길수록 도는 기를 더 풍부하게 내려주므로 천하백성에 대한 사랑은 더 강해진다.

3장 常使民無知無欲

36장 國之利器
不可以示人

旣以與人의 以는 미명이며 與人은 백성에게 무지무욕을 권유하는 것이다." 성인이 도의 비밀을 사람들에게 아낌없이 나누어 줄수록" 도는 기를 더 풍부하게 내려주므로 도에 대한 사랑은 더 깊어진다.

天之道는 도와 뜻이 통하고 있음을 강조한다. 성인은 백성이 도를 사랑하도록 권유하되 학문으로 도와 백성의 사이를 가로막지 않는다.

聖人之道는 보이지 않는 도를 닮았음을 강조한다. 성인은 일방적으로 백성을 섬기되 권위를 이용하여 백성과 사사로움을 다투지 않는다.

찾아보기

바른풀이 노자도덕경

초판 1쇄 인쇄 2018년 04월 20일
초판 1쇄 발행 2018년 04월 25일

지은이 남충희
펴낸이 류태연

편집 김태경 | **디자인** 이혜미 | **마케팅** 유인철

펴낸곳 렛츠북
주소 서울시 마포구 양화로6길 57-14, 2층(서교동)
등록 2015년 05월 15일 제2018-000065호
전화 070-4786-4823 | **팩스** 070-7610-2823
이메일 letsbook2@naver.com | **홈페이지** http://www.letsbook21.co.kr

ISBN 979-11-6054-143-4 03150